어떻게 자유주의에서 벗어날 것인가

어떻게 자유주의에서 벗어날 것인가

알랭 투렌 지음 / 고 원 옮김

당대

어떻게 자유주의에서 벗어날 것인가

한국어판 ⓒ 도서출판 당대, 2000

지은이/알랭 투렌
옮긴이/고 원
펴낸이/김종삼
펴낸곳/도서출판 당대

제1판 제1쇄 인쇄 2000년 11월 2일
제1판 제1쇄 발행 2000년 11월 6일

등록/1995년 4월 21일(제10-1149호)
주소/서울시 마포구 연남동 509-2, 3층 (121-240)
전화/323-1316 팩스/323-1317
전자주소/dangbi@chollian.net

ISBN 89-8163-062-3　04300

새로운 가능성의 모색은 과연 시대착오적이고 불가능한가

이 책은 알랭 투렌(Alain Touraine)의 *Comment Sortir du Libéralisme?*(Fayard, 1999)을 번역한 것이다.

알랭 투렌은 현재 프랑스 사회과학고등연구원(EHESS)의 사회학과 명예교수로 재직중이며, 50년대 이래로 노동자운동과 사회운동에 관한 책을 30여 권 저술하였다. 그리고 지난 몇 년 동안 그는 사회과학고등연구원에서 세계화와 자유주의 확산에 대한 비판을 주제로 강의를 해왔다. 『어떻게 자유주의에서 벗어날 것인가』는 그가 오랜 시간 다루어온 사회운동이라는 주제를, 20세기 말에 세계가 직면하고 있는 광폭한 자유주의를 넘어서기 위한 대안의 하나로 제시하고 있다.

우리는 이 책을 읽어나가면서 때로는 대안의 허약함을

느낄지 모른다. 이는 어쩌면 너무도 당연한 일이다. 투렌은 가능성의 잣대로 현실주의를 자처하는 반(反)운동론자들과 대결하고 있기 때문이다. 현실을 과학의 잣대로 재단하고 또 우리가 이 체제를 바꾸기 위해 할 일은 아무것도 없으며 최소한의 방어만이 가능하다고 말하는 현실주의자들의 위력은 가공할 만하다. 단적인 예로 퇴행적 정책들을 옹호하기 위해 사용되는 수많은 통계와 수치들은 대중들의 이해를 돕기보다 이해를 가로막는 위장된 과학적 논거로 이용된다.

이처럼 힘의 균형이 깨져 있는 상황에서 투렌이 현 체제를 넘어설 가능성을 모색하고, 그것을 '새로운 사회운동과 국가의 사회연대적 정책의 복원'으로 이끌어내는 것은 매우 힘겨운 싸움일 수밖에 없다. 그럼에도 그는 지난 수십 년 동안 그래 왔던 것처럼, 지치지 않고 이 힘겨운 싸움의 필요성을 강조하고 있다. 이러한 생각은 그가 이 책의 말미에서 하고 있는 몇 마디의 말에서도 분명하게 확인할 수 있다.

이제 우리가 무력하다고 설득하는 담론들을 단호히 거부해야 한다. 과연 언제까지 우리의 감성과 우리의 행동 그 자체를 반대하는 말을 들을 것이며 이야기할 것인가?("에필로그")

그러나 이 책이 현재 한국 사회에서 갖는 의미를 살펴본다면, 우선 '대안모색'이나 '가능함의 모색'이 시대착오적이고 불가능할 것으로 간주되는, 때 이른 포기에 대한 비판에서 찾을 수 있을 것이다. 독자에 따라 이 책이 제시하고 있는 '2½의 정치'에 대한 찬반이 모두 가능할 것이다. 더욱이 한국의 현 상황은 시민사회의 빠른 성장에도 불구하고 '2½의 정치'를 가능하게 할 여건이 취약한 상황이라는 점을 고려하지 않을 수 없다. 그러나 이것이 변혁 가능성 자체를 포기하거나 가로막는 결정론적 사고나 시장만능을 설파하는 맹목적 자유주의자에게 사회적 공론공간을 내어주자는 방향으로 귀결되어서는 안 된다. 지금이야말로 새로운 가능성을 모색하고 한국사회 속에서 그것을 발견하려는 노력과 창의력이 필요한 순간이기 때문이다.

이 책을 독해하기에 앞서 필요한 몇 가지 정보를 제공하는 것 또한 필요할 것으로 여겨진다. 먼저 이 책이 씌어진 시대적 상황을 간략하게 설명하겠다.

투렌은 8, 90년대 프랑스 사회의 다채로운 경험을 기반으로 해서 이 책을 서술하고 있다. 특히 공화주의적 좌파로 일컬어지는 사회당에 대한 불신과 공산계열 좌파를 의미하는 극좌파에 대한 비판은 이러한 시대적 배경을 바탕으로 하고 있다. 사회당의 국가중심주의적 사고가 프랑스대혁명 당시 로베스피에르(Robespierre)의 '이성의 종교'에서 비롯

되었다면, 국가개입 혹은 국가권력의 확장을 통해 현재의
문제를 해결하려는 사회당의 주류세력은 비효율성과 무능
함으로 특징지을 수 있는 프랑스 사회의 고질병에 대한 치
유책이 될 수 없다는 것이 투렌의 생각이다. 마찬가지로 신
자유주의에 대한 비판을 고수하지만 현실적으로 어떻게 이
악순환의 고리에서 벗어날 수 있는가에 대해서는 침묵하는
극좌파세력 —또는 좌파의 좌파— 에 대한 투렌의 불신은
이미 1968년 5월혁명 시기부터 시작된 것이었다. 따라서
투렌이 이 두 좌파에 대한 견제세력이자 대안적 세력으로
새로운 사회운동세력을 기반으로 하고 있는 '사회적 좌파'
에 기대감을 갖는 것은 너무도 당연한 일이다.

역사를 되돌아보면, 프랑스는 1981년에 사회당이 집권함
으로써 인근의 영국과 미국이 신자유주의로 경도되는 시점
에 사회주의적 국유화 계획을 실시하는 예외성을 보였다.
그리고 사회당의 집권은 우파가 대통령과 내각을 완전 장
악하는 1995년까지 계속된다. 우파연합은 1993년 내각을
장악하고 1995년에 대통령을 당선시킴으로써 명실상부한
신자유주의 정책을 기획하고 있었다. 그러나 이것은 이미
때늦은 선택이었다. 투렌이 지적하고 있는 바와 같이, "자
유주의에 대한 환상의 종말은 우파를 쇠퇴시키고 그들의
지향을 상실하게" 만들었기 때문이다. 따라서 신자유주의
가 도처에서 공격받는 상황에서 프랑스에서의 신자유주의

적 개혁 ──사실 공화주의와 신자유주의의 타협 ──은 대중
적 반감을 불러일으켰고, 결국 1997년 사회당과 공산당의
연합세력에 내각을 내어주면서 단명하게 된다.

하지만 그 결과 집권한 좌파세력은 심각한 고민에 빠지
게 된다. 공화주의적 좌파의 길을 고수할 것인가, 아니면
공산계열 좌파의 주장에 힘을 실어줄 것인가, 아니면 다양
한 사회운동세력의 주장에 좀더 많은 힘을 실어줄 것인가
하는 선택의 기로에 놓여 있었던 것이다. 불행하게도 사회
당은 애당초 공화주의적 좌파의 길을 고수하고자 하였고,
이것은 다양한 형태의 운동들, 특히 실업자운동과 상 파피
에(sans-papiers) 운동으로부터 격렬한 비판을 받게 된다.
그리하여 사회당은 적어도 외형적으로나마 새로운 대안적
길을 모색하게 된다.

따라서 이 책을 이해하기 위해서는 1995년 12월 파업과
1997년 6월의 사회당 재집권 그리고 1998년의 노동시간단
축법안 통과를 하나의 고리로 엮어 이해해야 한다.

먼저 투렌은 이 책에서 1995년 12월에 대해 종종 언급하
고 있다. 그렇다면 1995년 12월에 프랑스에서는 무슨 일이
있었는가? 이 점은 1999년이라는 시점에 출판된 책의 사회
적 배경을 설명하는 데 있어 결정적인 의미를 가진다. 1995
년 12월은 그해 초에 집권했던 우파정부의 이른바 구조조
정계획에 맞서 철도노조가 일제히 파업을 감행했던 달이

다. 그러나 이 달은 단순한 파업이 있었던 것으로 — 숱하게 많은 파업 중 하나로 — 해석되어서는 안 된다. 1995년 12월의 공공부문 파업은 한편으로는 프랑스가 1981년 사회당이 집권함으로써 경험하였던 복잡한 '체제 재생산방식', 즉 국가권력의 지속적인 팽창과 공적 부문에서의 중간계급의 성장이 당시 세계를 강타하던 신자유주의와 충돌한 사건이었으며, 다른 한편으로는 동유럽권 붕괴 이후 침묵에 싸여 있던 프랑스의 좌파정치세력과 사회운동세력이 본격적으로 공론공간으로 복귀하는 계기를 마련한 사건이었다.

이 사건을 통해 프랑스 사회는 신자유주의의 실체와 보다 가깝게 마주하게 된다. 단적인 예로 1995년 자크 시락이 대통령에 당선되던 날 파리의 시민들은 콩코드 광장에 모여 '사회당의 압제 14년으로부터의 해방'을 자축하는 모습을 보였으나, 그것이 자신들에게 가져다준 최초의 정책에 당황하지 않을 수 없었다. 왜냐하면 지난 10년 동안 줄곧 증가했던 실업과 빈곤 그리고 중산층의 붕괴라는 문제에 대한 신자유주의적 해법이 다름아니라 구조조정을 통한 고용불안의 확대와 실질임금 삭감이었기 때문이다.

이에 대한 대중적 불만은 파업에 대한 지지도의 증가로 나타났고, 하나의 압제로부터의 해방이 또 다른 압제로의 진입이라는 점이 폭넓게 인식되었다. 그리고 그 결과는 불과 2년 뒤인 1997년 6월 사회당의 재집권으로 나타난다. 물

 어떻게 자유주의에서 벗어날 것인가

론 사회당의 재집권은 좌파정치세력이 적절한 대안을 제시하고 있었기 때문이라기보다, 신자유주의에 대한 대중적 혐오감에서 비롯된 차선적 선택의 결과였으며 부분적으로는 다양한 좌파세력과 사회운동세력의 연합이 주는 시너지 효과 때문이었다.

그러나 사회당은 자신의 재집권이 '불로소득의 성격'을 갖고 있음을 잘 알고 있었음에도 이를 쉽게 극복하지 못하였다. 지난 10년 동안의 프랑스 고유의 국가주의적 질병과 4년간의 신자유주의적 질병에 지친 시민들과 배제된 소수들은 충분히 배려되지 않았다. 심지어는 우파의 정치노선을 추종하는 듯한 양상마저 나타났다.

이에 대한 첫번째 반응은 실업자운동의 출현이었고, 두번째 반응은 다양한 사회운동의 결합을 통한 사회당 비판이었다. 이 지리한 싸움은 다행스럽게도 투렌이 말하는 '사회적 좌파'의 승리로 끝났고, 사회정책과 노동정책에서 새로운 전기를 마련하였다. 또 이것은 어떤 의미에서 투렌이 말하는 '2½의 정치'에 상당히 근접한 것이었다. 그러나 이것은 결코 앉아서 얻어진 결과가 아니었다. 새로운 사회운동의 힘겨운 싸움과 그것이 얻어낸 대중적 지지를 기반으로 하고 있었다. 이 점이 바로 투렌이 '2½의 정치'를 말할 수 있는 토대였다.

신자유주의가 말하는 국가의 쇠퇴에 이의를 제기하며 국

가가 현재 취할 수 있는 정책의 방향을 제시하고 나아가 국가의 개입이 시민사회의 자발성과 역동성을 억압하지 않을 것을 요구하는 것, 이것은 투렌이 1995~99년에 가질 수 있었던 풍부한 경험에 기초한 것이다.

그러면 좀더 구체적으로 투렌이 이 책을 어떻게 구성하고 있는지를 살펴보기로 하겠다. 사실 이 책은 일반독자를 대상으로 씌어졌으나, 불행하게도 한국의 독자들에게는 '독해'가 난해한 점이 있다. 프랑스의 정치적·이데올로기적 상황에 대한 이해가 없이는 읽어 내려가기가 힘든 대목이 곳곳에 도사리고 있기 때문이다. 따라서 간략하게나마 이 책의 구조와 각 장의 핵심 내용을 정리해, 독자들의 이해를 도울 필요가 있을 것 같다.

먼저 이 책이 지금껏 흔히 보아온, 학자의 현학적 혹은 추상적인 현실진단과 이데아의 제시에 불과한 것이라고 속단해서는 안 된다. 애당초 투렌이 강단에 틀어박혀 지내던 학자가 아니었던 것처럼, 이 책 또한 프랑스 사회와 20세기 세계에 대한 해박한 지식을 기초로 씌어졌기 때문이다. 물론 그가 외국 독자를 위해 친절하게 설명을 덧붙이지 않은 것은 아쉬운 일이다. 그러나 이 책은 적은 분량으로 20세기 세계의 현실을 진단하고 전망하기 위해 많은 지식을 압축하고 있는 장점이 있으며, 정치(精緻)한 독서를 거친다면 많은 시사점을 얻을 수 있을 것이다.

이 책의 사상적 줄기는 단연 '가능함(le possible)에 대한 모색'이라고 말할 수 있다. 투렌은 먼저 세계의 작동구조를 설명하고 이어서 그 내부의 고통스러운 몸부림, 대안적 탈출시도, 좌파정치세력의 다양한 구도를 설명한 후, 대안적 노선을 제시하는 형식을 취하고 있다. 좀더 구체적으로 언급하면, 그는 20세기 말 자본주의의 세계화가 갖는 실질적 의미, 그로 인해 인간들이 겪게 되는 고통과 그로부터 벗어나려는—사실 자유주의에서 벗어나기 위한 탈출구를 모색하는 움직임이 반드시 진보적이거나 전향적인 것만은 아니라는 점에서—다양한 몸부림, 기존의 노동과 자본을 중심으로 하는 저항적 운동에서 벗어나 새롭게 출현하고 있는 사회적 소수자들의 운동, 이러한 운동들이 기존의 좌파정치세력과 조우하며 만들어내는 다양한 모습의 좌파담론을 차례로 점검한 후, '제3의 길'을 비판하고 보완하는 의미에서 '2½의 길'을 제시하고 있다.

다음으로, 이와 같은 사상적 줄기를 가지고 각 장이 어떤 의미를 지니고 씌어졌는지를 간략하게 살펴보기로 하겠다.

제1장에서는 세계화 과정에서 나타나고 있는 실업과 빈곤의 문제를 설명하고, 세계화 담론의 배후에 도사리고 있는 자유주의가 프랑스를 비롯하여 세계 곳곳에서 어떠한 의미를 갖고 있는지를 밝힘으로써 일국에 대한 세계적 규정성을 설파하는 자유주의 이데올로기의 허구성을 비판하

고 있다.

　제2장은 이 척박한 현실이 주는 고통에서 벗어나기 위해 사회적 행위자들이 보여주는 다양한 형태의 몸부림을 예시하고 그 의미를 진단하고 있다. 그의 표현이 상징적으로 말해 주듯 이 몸부림은 '과거 지향적' '미래 지향적' '지배계급 중심적' '피지배계급 중심적'이라는 네 가지 상이한 지향성을 지니고 각축하고 있다.

　제3장은 이러한 몸부림을 관통하며 현재 나타나고 있는 새로운 사회운동의 다양한 형태들을 '있는 그대로' 기술하면서 이를 통해 가능성을 발견하고 있다. 여기서 그는 맹목적 합리화나 칭찬보다는 새로운 사회운동 속에 존재하는 취약함 — 심지어 프랑스 민족주의의 야만적 행보와 이를 제어하지 못하는 무력함까지도 — 을 그대로 보여주는 방식을 취하고 있다.

　제4장은 이처럼 사회운동이 터져 나오는 상황에서 좌파 정치세력이 어떠한 태도를 보이고 있는지를 다분히 '프랑스적 상황에 근거해서' 설명하고 있다. 투렌은 최근 출현하고 있는 다양한 형태의 사회운동에 대해 프랑스 좌파정치세력의 전통적 구분인 '공화주의적 좌파(현재 사회당 중심의 좌파)'나 '극좌파(공산당 중심의 좌파)'와 구분되는 '사회적 좌파'라는 이름을 부여하고, 여기에 새로운 희망을 부여하고 있다.

 어떻게 자유주의에서 벗어날 것인가

제5장은 이 논의를 좀더 확대시켜 현재 세계적 차원에서 진행되고 있는 이른바 '제3의 길' 논쟁을 우회적으로 비판하며, 새로운 사회운동과 국가의 사회연대적 정책의 복원을 핵심 기조로 하는 이른바 '2½의 정치'를 제시하고 있다. 그에 따르면, "제3의 길이 중도우파로 정의될 수 있다면, 2½의 길은 중도좌파를" 의미하고, 이것은 생산과 분배를 동시에 고심하는 좌파정치로 정의할 수 있다.

끝으로, 투렌이 이 책을 통해 말하고자 하는 부분을 간략하게 정리해 보기로 하겠다. 그 요점은 이렇다. 현재 우리가 상상할 수 있는 대안은 공화주의적 길도, 극좌파의 길도, 더욱이 어설픈 제3의 길도 아니며, 새로운 사회운동이 발현하고 자발성이 계획과 조화를 이루는 '2½의 길'이라는 것이다.

이러한 상황은 한국과 프랑스의 동질성과 이질성을 잘 보여주고 있다. 우선 자유주의자들이 주의주의적으로 미래를 건설하고자 하고, 시장의 인도에 우리 몸을 내맡기라고 권유하고 있는 상황은 동일하다. 또한 프랑스에서 공화주의적 좌파로 일컬어지는 국가주의적 계획이 그러하듯, 한국의 국가주의자들 역시 현재의 위기상황에 대해 매우 비효율적이고 비민주적인 방식으로 대처하고 있는 점도 동일하다. 위기상황에 대처하면서, 근본적인 개혁을 시도하기보다는 사회질서와 사회제도의 옹호에 골몰하고 있으며 '소외된 이들'을 무시하고 '풍요로운 이들'을 보호하는 정책을 추진하고 있는 것이 그러하다. 그리고 대안모색보다는 비판에만 몰두하는 극좌파의 모습 또한 크게 다르지 않다.

하지만 이질성 역시 간과할 수 없다. 만일 한국의 시민사회가 권위주의적 정치와 야만적 시장경제에 대한 비판에 폭넓게 합의해 왔다면, 이 모든 것들이 "갑자기 우리가 지켜야 할 보배로, 빼앗길 수 없는 대중들의 점령지로 탈바꿈한" 현실과 이에 대응한 역량 면에서는 크게 다른 모습을 보여왔다는 점을 지적해야 한다. 과연 한국 사회에 진보정치세력은 어떠한 위상을 갖고 있는가? 공화주의적 좌파와 극좌파라는 표현을 한국 사회에 대입시킬 수 있는가? 다양성과 자발성을 토대로 아래로부터의 새로운 변화를 추동하는 강력한 신사회운동은 존재하는가?

이 모든 질문은 외환위기가 불어닥친 지 3년이 지난 시점에 다시 던져지고 있다. 과연 1995~97년에 프랑스 사회에서 발생했던 거대한 변화와 패러다임의 전환은 한국 사회에서 불가능한 것일까? 노동시장 유연화에 맞서 노동시간 단축을 주장하던 노동운동진영이 최근 보이고 있는 일종의 침묵, 활성화된 시민운동이 보여주고 있는 최근의 정체, 진보정치세력의 취약성, 새로운 사회운동으로서 외국인 노동자 문제에 대한 일천한 관심, 이 모든 것은 과연 한국 사회의 전환에 어떠한 영향을 미칠까?

 어떻게 자유주의에서 벗어날 것인가

이 책은 이러한 많은 질문에 구체적인 답을 던져주지 않을 것이다. 그러나 이러한 운동이 하나의 접합점을 모색하고 이를 행동으로 옮겨야 하며, 또 그것이 어떠한 방향으로 추진되어야 하는지를 말해 주고 있다. 이와 관련해서 투렌은 간결하게 그 방향을 제시하고 있다.

그렇다면 결국 시장이 자원을 마음대로 처분하도록 내버려두어야 할까? 분명히 그렇지는 않다. 우리에게 가장 필요한 것은 현재 수준 이상의 국가 혹은 현재 수준 이상의 시장이 아니라 오히려 그 이하의 국가, 그 이하의 시장이다. 그리고 경제의 강제성 및 가능성과 사회적 행위자들의 요구 혹은 저항 사이에 반드시 필요한 (그리고 계속적으로 변화하는) 관계가 스스로 구성되기 위해 뛰어넘어야 할 사회적 자발성 · 협상 · 계획 · 갈등 들이 현재 수준 이상으로 올라서는 것이다.("사회적 좌파와 극좌파")

2000년 10월

고 원

| 차례 |

머리말

우리 사회는 아직도 자신의 이념과 갈등, 희망 들을 가로지르면서 그 자신을 변화시킬 능력을 가지고 있는가? 곳곳에서 사람들은 이 질문에 대한 답이 부정적이라고 우리를 설득하려 한다.

자유주의자들은 자신들이 거추장스럽게 생각하는 예외성을 무시해 버리라고, 그리고 우리 자신을 시장의 인도에 맡기라고 권유한다. 그 반대편에서, 극좌파들은 존재의 의미를 박탈당한 희생자들의 이름으로 지배행위를 폭로하고 발언하는 것에 만족하고 있다. 이와 같은 반응은 다른 나라들에서도 많이 나타나고 있지만, 특히 프랑스에서 더 큰 위력을 발휘하고 있다. 사실 지금까지 프랑스에서는 우파와 좌파가 모두 동의할—따라서 양자 가운데 어느 한쪽을 선택

하는 것이 더 이상 아무런 의미를 갖지 못할—만큼 탁월
한 '유일 사상'이라면 모두 그것을 따라야 한다는 강박관념
이 널리 유포되어 있었다. 세계화된 경제의 절대적인 위력
에 대한 이 같은 믿음은, 희생자들은 단지 체제의 모순들을
드러내줄 수 있을 뿐이며 행동방식을 알려줄 책임은 지식
인과 정치운동가들의 몫이라는 생각을 낳았다.

'유일 사상' 그리고 그에 반대하는 '역(逆)유일 사상', 서
로 대립하고 있는 이 두 가지 입장은 동일한 본질을 가지고
있다. 둘 다 정치적 결정에 영향력을 행사할 수 있는 자율
적인 사회적 행위자들의 형성을 믿지 않는다.

그 여파로서의 비관주의는 이미 진행되고 있는 사회해체
에 효과적으로 대항할 수 있는 유일한 방책은 제도라고 간
주하면서, 이 제도들에 대한 거의 근본주의적인 방어를 부
추기고 있다. 이른바 공화주의라 불리는 이 이념은 자신과
대립하는 이념들보다도 더 사회적 행위자들의 존재를 인정
하지 않고 있다. 오히려 이 이념은 제도의 옹호를 사회적
요구와 무관한 것으로 만들고 있다. 이것은 이 세번째 입장
의 옹호자들로 하여금 주변화 혹은 배제된 '아웃사이더'—
이는 엘리아스(Norbert Elias)의 용어이다—에 맞서 '안정
적인' 사람들을 방어하도록 몰고 간다. 이는 평등과 연대의
공간으로서 공화국을 수호하려 했던 과거의 공화주의 이념
과는 아주 상이한 행보이다.

어떻게 자유주의에서 벗어날 것인가

서로 대립하면서도 상호 의존하고 있는 이 세 가지 사상적 조류는 사회적 · 정치적 변화가 더 이상 가능하지 않다는 믿음을 확산시키면서 사회 전체를 점점 더 지배해 나가고 있다. 우리는 이 세 가지 해석에 공통적으로 적용되는 핵심을 다음과 같은 하나의 문장으로 정의할 수 있다. 즉 경제적 지배에 맞서 유일하게 가능한 행동이 반역이고 차이에 대한 호소라는 생각은 사회적 요구와 차이를 억압하는 제도와 맞서 싸울 수 있는 사회파괴의 상황으로 귀결된다는 것이다.

내가 이 책에서 이야기하고자 하는 것은 바로 이 세 가지 주장 — 나의 눈에는 서로 대립된다기보다 오히려 상호 의존적으로 보이는 주장들 — 에 대한 반론이다. 나는 다음 세 가지 이념을 옹호할 것이다.

첫째, 경제의 세계화가 우리의 정치적 행동능력을 앗아가 버리는 것은 아니다.

둘째, 절대적 소외계층들은 지배에 대항하는 봉기를 통해서뿐만이 아니라 권리의 요구 — 특히 문화적 권리의 요구 — 와 사회에 대한 비판적이고도 혁신적인 개념화를 통해 행동한다.

셋째, 제도적 질서가 평등과 연대에 대한 요구들에 의해 뒷받침되지 않는다면 그것은 비효율적이며 심지어 억압적이기까지 하다.

따라서 문제는 질서와 혼란의 논리를 사회적·정치적 행동의 논리로 대체하는 것이다. 그리고 전적으로 방어적인 제도적 질서와 배타적으로 반대만 앞세우는 반역들 사이에 존재하는 대중적 공간, 다시 말해 사회적 갈등과 통합의 의지를 결합시키는 이 공간이 인정되고 다시금 활성화되어야 함을 보여주는 것이다.

100여 년 전, 우리의 사회들은 금융자본주의의 세계적 팽창을 경험했다. 어떠한 통제도 용납하지 않았던 그 야만성은 반(反)자본주의적 혁명들을 불러일으켰다. 그러나 이 혁명국가들이 종국에 깨달은 것은 영국인들이 맨 처음 산업민주주의라 불렀던 것을 〔자신들이―옮긴이. 이하 동일함〕 건설하기란 불가능하다는 사실이었다. 산업민주주의는 사회민주주의 정치로 그리고 제2차 세계대전 이후에는 복지국가로 전화되어 나갔다.

이 같은 사실은 20세기 초 영국의 상황처럼 경제가 세계를 향해 열려 있었을 때에도 경제의 지형 그 자체에 대한 개입이 결코 불가능하지 않았음을 입증하는 것이었다. 급진적 단절의 필연성을 믿고 있던 이들은 전체주의 체제를 구성하는 쪽으로 이끌려 들어갔지만, 반대로 새로운 사회적 행위자들의 등장을 믿고 있던 이들 ― 우리가 경멸하는 의미에서 개혁주의자라 불렀던 이들 ― 은 민주주의에 새로운 활력을 불어넣어 주었다.

어제와 마찬가지로 오늘 역시, 이 두 가지 접근법, 이 두 가지 정치 사이에서 선택을 해야만 한다. 만일 당신이 경제 세력들의 냉혹한 지배에 도저히 저항할 수 없다고 생각하고 있다면, 당신은 그 같은 지배 속에 존재하는 사회운동의 가능성을 믿지 못할 것이다. 기껏해야 당신은 그 운동들 속에서 체제 내적 모순들의 표출이나 객관적인 비참함과 고통의 표현만 볼 수 있을 따름이다.

이것은 아무런 대안도 갖고 있지 못한 급진적 비관주의 혹은 저 유명한 법칙, 역사가 '지배하는' '과학적' 법칙의 추구로 나아갈 수 있을 뿐이다. 따라서 우매한 피지배 인민들은, 정치적 지도자를 자처하고 있는 그리고 사회에 대한 보다 합리적인 비전을 가지고 경제적 지배에 대항해 싸워 나간다고 자처하고 있는 지식인들의 개입에 따라야 한다.

이와 대립되는 행보는 다음과 같은 신념에 기초하고 있다. 행동은 가능하며, 이 행동은 사회조직화의 필연적이고 효율적인 변화로 이어진다는 믿음이다. 이를 달리 표현하면, 고통과 배제 앞에서 전적으로 수동적인 입장을 벗어나기 위해서는, 분석과 행동의 독점을 주장하는 이데올로그들을 추종하든가 아니면 희생자들이 다수의 세력을 자신의 주위로 집결시킬 수 있는 정의나 평등 같은 일반적 원칙에 호소하고 있을 때 그들 역시 행위자라는 것을 인정하든가 해야 한다는 것이다. 절대적 단절의 필연성을 믿는가, 아니

면 반대로 지배받는 사회계층들의 행동능력을 강화시키게
될 집단적 운동의 가능성을 믿는가?

앞으로 보게 되겠지만, 나는 두번째 입장을 옹호한다. 내
가 그렇게 하는 것은 원칙적인 이유들 때문만은 아니다. 무
엇보다도 지금 존재하는 현실이 새로운 행위자들을 형성시
켜 나가고 있기 때문이다.

물론 이와 반대되는 입장이 지니는 타당성을 전적으로
부인할 수는 없다. 프랑스에서 정치행동이 신뢰를 상실해
버린 것은 사실이며 사회적 상황, 특히 실업과 고용불안에
시달리고 있는 노동자들의 상황에 대해 극도로 비관적인
인식이 만연해 있는 것 또한 사실이다. 간단히 말해 절망과
반역의 운동이 스스로 형성된다는 것은 매우 당연한 것이
겠지만, 문제는 바로 이 운동들이 희생자들의 무기력함이
라는 허위의식에 근거한 망상을 전파하고 있다는 것이다.

따라서 절대적 단절의 필연성에 대한 확신은 위험스럽
다. 그것은 희생자들의 항의를 진퇴양난의 궁지로, 이미 유
효성을 상실해 버린 국가주의에 대한 방어로 몰고 간다. 이
는 인민의 이름을 도용하고 있는 이데올로그들, 즉 인민은
자신들의 상황을 개선할 줄도, 자신들의 이익을 정확하게
지켜낼 줄도 모른다고 이야기하고 있는 그들에게만 이득이
될 뿐이다.

현재 제기되고 있는 사회비판의 주요한 방식들을 다음과

같이 세 가지로 구분할 수 있다.

첫번째는 집단적 운동을 이해하는 것은 물론 그것을 준비하기에도 가장 부적합한 방식인데, 이 방식을 따르는 이들은 세계화와 싸우고 있고 국가기구들의 미온적인 태도를 비난하고 있으며 또 고용불안을 완화시키기 위해 〔국가의〕 보호를 받고 있는 기업들을 계속 자신의 지지기반으로 삼고자 노력하고 있다. 그러나 경제적 행위자로서의 국가 혹은 보호법안을 옹호하는 것이 어떻게 실업자나 고용상태가 불안정한 사람이나 새로운 일자리의 창출을 계속해서 기대하고 있는 사람들의 처지를 개선시킬 수 있는지는 정말 이해할 수 없다.

두번째 비판방식은 좀더 건설적이다. 이 방식은 경제의 세계화에 모든 책임을 돌리기보다는 세계화를 부추기는 금융권력을 보다 직접적으로 비판하며 지역과 사회계층, 경제영역 들 속에서 발생하고 있는 비참함과 불평등을 고발한다. 이 비판은 국가개입주의를 자유주의 정책과 대립시킨다(혹은 대립시키는 것처럼 보인다). 하지만 구체적인 제안을 내놓는 경우는 정말 드물다.

이 책에 영감을 불어넣어 준 세번째 비판방식은 긍정적 행동들의 가능성을 부정하는 모든 표상과 싸우고 있다. 여기서는 새로운 행위자들이 나타나고 있으며 권리와 정체성을 요구하고 있다고 단언한다. 그리고 또 오늘날 새로운 행위자들의 부상을 가능하게 하는 것은 문화적 권리에 대한 요구라고 본다. 저항과 반대 세력들은 이미 낡아버린 경제적 모델 — 오래 전부터 환경에 적응하지 못하고 있을 뿐 아니라 좋지 않은 결과들이 그 자체의 성장을 막아버린 모델 — 의 옹호에 몰두하기 때문에, 20여 년 전부터 약화되어 온 행동능력을 재건하는 것은 오직 이 같은 문화적 권리를 요구함으로써만이 가능하다고 생각하는 것이다.

이와 같은 방식들 속에서 비로소 우리는 상황을 분석하고 존재 가능한 행위자들을 정의하고 나아가 새로운 사회 정책의 단초를 제시할 수 있다.

그러나 집단적 행동의 가능성과 본질을 이해하기 위해서는, 먼저 우리에게 마약처럼 작용하고 있는 세계화의 침략적 테마를 강조할 필요가 있다. 문제는 전적으로 이데올로기적인 표상들이다.

새로운 기술과 산업집중, 금융투기, 신흥 산업국가로의 기업활동 이전 등에 희생당한 이들의 절망과 불안이 바로 이 이데올로기적 표상을 통해 표현되고 있는데, 이는 무엇보다도 분석을 통해 끊어내야 하는 악순환이다. 왜냐하면 우리가 〔세계가 하나로 통합된다는〕 전지구화(globalisation) 담론들 — 혹은 〔세계를 향해 우리 자신을 개방해야 한다는〕 세계화(mondialisation) 담론들, 이 둘은 동일한 것이다 — 속으로 빠져 들어가면 갈수록, 자본주의의 공세 — 우리는 이

진정한 이름을 불러야 한다——앞에서 우리의 사회적·정치
적 무기력함에 대한 구체적인 논증은 점점 멀어져 버리기
때문이다.

사실 그 누구도 각종 사회정책의 실행이 한 순간에 불가
능해질 것이라고, 산업정책은 단지 부정적인 결과만 낳을
것이라고, 테크놀로지는 전적으로 금융지배층의 이해관계
에만 봉사할 것이라고, 그리고 경제에 대한 낡은 관리방식
의 파멸은 야만적인 시장의 승리로 이어질 따름이라고 함
부로 단언할 수는 없다. 이런 식의 접근법은 관리경제의 취
약성과 난점을 지적하는 이들과의 동맹으로 나아간다.

그렇다, 관리경제에서 완전히 벗어날 필요가 있다. 왜냐
하면 관리경제는 경제의 파괴라는 결과를 가져오기 때문이
기도 하지만, 동시에 세계시장을 향한 개방이 사회정책의
쇄신과 참여와 정의의 추구를 가능하게 하고 심지어는 그
것들을 요구하고 있기 때문이다.

따라서 경제의 세계화가 민족국가와 사회운동을 무기력
하게 만들 것이라는 근본이념——이것은 옹호자들만이 아니
라 반대자들 역시 공유하고 있는 생각이다——을 가지고 있
는 유일 사상의 교리문답을 반복함으로써 미래를 예언하는
행동 따위는 이제 멈추도록 하자. 그보다는 다음 세 가지
제안에서 출발하여, 현실에 접근하도록 하자.

첫째, 전지구화는 단지 경향들——이것들 각각은 모두 중

요성을 지니고 있지만, 상호간의 제휴는 거의 존재하지 않는다—의 집합일 뿐이다. 시장에 의해 인도되고 국가정책이 결코 개입할 수 없는 세계화된 사회가 창조된다는 자유주의의 핵심적 단언은 전적으로 이데올로기적이다.

둘째, 아무리 정당한 항의라 할지라도, 만일 그 항의대열에 참여한 사람들이 사회를 변화시키고 그리하여 경제에 대한 새로운 형태의 사회적 통제를 건설하는 집단적 운동의 가능성을 믿지 않는다면 그 항의는 곤경에 봉착할 수 있다.

셋째, 이 재건의 작업은 사회적 행동과 정치적 개입의 상호보완성—이는 긴장과 갈등이 항상 존재하는 상호보완성이다—을 전제로 한다.

이제 우리가 시작할 분석은 현재의 사회적 상황과 집단적 행동들을 중심으로 진행될 것이다. 그것은 이와 같은 상황과 행동들이 적어도 두 가지 의미를 생산하고 있다는 것을 보여주기 위해서이다. 하나는 자본주의 체제에 대한 절망적인 폭로인데, 이것은 단지 주변적인 반역 혹은 전제권력에 대한 호소로 나아갈 따름이다. 또 하나는 행위자로 전환되고자 하는 희생자들에 대한 지원 의지이다. 분명히 전자의 의미가 우세하면 할수록, 후자의 의미는 퇴색되게 마련이다.

따라서 우리의 분석은 사회운동이라 불리는 것에 대해 비판적일 것이 아니라, 20여 년 전부터 하나의 위기가 진행되고 있다는 것을, 즉 세계시장이 가하는 충격 아래서 사회적 상황이 불가역적으로 악화되고 있음을 실제로 느끼는 나라에서 그토록 쉽게 받아들여지고 있는 가장 우매한 해석들에 대해 비판적이어야 한다.

결국 지식인들은 자신에게 부과된 책임을 인정해야 한다. 사회적 항의들이 전망 없는 폭로 속에서 자기의미를 상실해 버릴 것인지, 아니면 새로운 사회적 행위자들의 형성과 간접적으로나마 새로운 경제적·사회적 정책들의 구성으로 나아갈 것인지는, 다른 계층이 아닌 바로 지식인들에게 달려 있다.

그렇지만 정치권력이 자유주의적 경제운영을 공공질서와 안전이라는 자신들의 유일한 근심과 결합시키면서 사회투쟁에 냉담하게 반응하고 그것을 경계하며 중도주의 정책으로 만족한다면, 우리의 비판적 분석은 그 어떤 생산적 결과도 만들어내지 못할 것이다. 권력을 가진 다수가 사회의 가장 소외된 영역을 대변할 의무를 느끼지 않는 상황에서, 이 소외된 자들이 단절과 파국을 예언하는 이들의 유혹에 자신들을 내맡기고 있다는 사실이 뭐 그리 놀랄 일이겠는가?

서유럽의 거의 모든 나라에서 중도좌파 정당 혹은 좌파 연합이 정권을 잡고 있다. 그러나 이 정부들은 중간계급 — 정권유지를 위해 방어하고 강화해야 하는 가장 폭넓은 계급이다 — 의 이해관계에 민감한 중도주의 정책과 사회적 배제에 맞선 능동적 투쟁 사이에서 여전히 망설이고 있는 것처럼 보인다. 개중에 어떤 정부들은 정치 프로그램과 사회투쟁의 거리를 넓히면 넓힐수록(이는 성명과 법안들을 통해서 이루어진다) 자신들에게 유리하다고 생각하고 있다. 하지만 나는 그 반대로 정부들이 좀더 강력한 사회정책들을 스스로 제시하기를 바란다. 결국 내가 이 책을 쓴 이유는 독립적인 사회운동들과 보다 능동적인 반(反)소외정책들을 동시에 옹호하기 위해서이다.

1

자본주의의 회귀

1. 자본주의의 회귀

정치투쟁, 경제적 난제 그리고 이념논쟁들을 이해하기 위해서는, 이것들이 전개되어 온 역사적 상황을 정의할 수 있어야 한다.

어떤 이들은 우리에게 경제에 대해서만 이야기한다. 만약 그들의 관점이 옳다면, 정치적 활동은 아무런 의미도 없을 것이며 중앙은행의 경영자들 손에 권력을 쥐여주는 것이 시급한 일일 것이다. 또 어떤 이들은 우리의 활동 전체를 변화시키면서 전세계로 확장되고 있는 정보사회의 급격한 팽창을 강조하면서, 우리의 주의를 끌고 있다.

우리가 산업사회에서 벗어나고 있으며 지난 30년 동안 지칭해 오던 후기(post)산업사회를 정보사회라고 불러야 한다는 점은 당연히 인정해야 할 사실이다. 이 새로운 사회 속에서 행위자와 그 행위자의 목적 그리고 사회적 관계들은 이미 심층적으로 변화되어 왔고 지금도 변화되고 있다. 지난 세기 동안, 우리가 이미 산업사회에 접어들었고 지금은 더 이상 발자크 시대의 프랑스에 살고 있지 않으며 사회가 정체되지 않도록 더 많은 관심을 기울여야 한다는 사실을 우리 스스로 납득하는 것이 그렇게 쉬운 일은 아니었다.

우리는 고용주와 산업임금노동자 간의 이해갈등이 그 자체로서 매우 중요하긴 하지만, 더 이상 사회적·정치적 활동의 중심은 아니라는 것을 알고 있다. 그리고 '공산주의' '사회주의' 같은 단어들이 더 이상 예전과 같은 의미를 가지고 있지 않을 뿐더러, 20세기 초에 지녔던 것과는 또 다른 의미를 가지고 있다는 사실도 잘 알고 있다.

우리가 살고 있는 세계에 대한 사회학적·역사학적 분석은 우리가 산업사회 시대로부터 선 혹은 악으로 표현되는 시장 속에서 사회 전체가 해체되고 있는 시대로 이행했을 뿐 아니라 하나의 생산양식, 사회적 관계양식 그리고 우리의 표상양식(mode de representation)으로부터 또 다른 어떤 양식으로 이행했음을 인지할 것을 강요하고 있다. 그렇지만 이 용어들이 아무리 타당성을 지닌다 할지라도, 오늘날 우리가 겪고 있는 상황이 이런 용어들 속에서 정의되어야 하는 것은 아니다.

20여 년 전, 내가 새로운 사회운동 ──68년 5월운동과 같은 것 ──이라고 불렀던 집단적 행동들은 그 내부에 새로운 사회를 예고하는 새로운 행위자와 새로운 이념들을 포함하고 있었다. 이 운동들은 비록 약화되긴 했지만 오늘날에도 여전히 존재하고 있다. 사회적·정치적 장을 뒤흔들고 있는 것은, 연구조사나 의학적 처방, 방송매체 들을 통한 인식이 아니라 실업과 점증하는 불평등과 배제 그리고 국가보다 더 강력한 경제세력들 앞에서의 우리의 무능력함에 대한 자각 등인 것이다. 우리는 특히 몇몇 사람들이 민족국가의 종말이라고 부르고 있는 것을 염려한다.

따라서 우리가 살고 있는 사회의 변화보다는 근대화 양식의 변화가 더 심하다고 할 수 있다. 양자의 성격차이를 간단하게 설명하면 다음과 같다. 산업사회 혹은 정보사회를 이야기하는 것은 결국 하나의 사회형태를 이야기하는 것으로 귀착된다. 반대로 우리가 국가에 의해 통제되는 관리경제에서 시장경제로 이행하고 있다고 말할 때, 여기서 우리가 보고 있는 것은 근대화 양식 속에서의 변화이다.

나는 여기에다 자본주의와 사회주의는 근대화 양식이지 사회형태는 아니라는 점을 덧붙이겠다. 전자는 시장을 통한 변화의 관리로 정의할 수 있으며, 후자는 국가의 지배적인 역할에 의한 관리로 정의할 수 있다. 따라서 우리는 하나의 사회주의에서 하나의 자본주의로 이행했으며, 시장은 사회를 조정하는 주요한 힘으로서의 국가를 대체했다고 말할 수 있다.

많은 이들이 이러한 전환을 이제까지 정치가들과 관료주의에 발목이 잡혀 있던 경제의 해방이라고 정의한다. 그렇지만 이 같은 판단은 많은 허점을 가지고 있다. 경제와 사회에 대한 국가의 강력한 지배가 항상 부정적인 것이었다면, 어째서 우리는 이 같은 지배가 이루어졌던 30년대를 '영광의 30년대'라 이야기하는가? 블로크-레네(Bloch-Lainé), 그뤼종(Gruson), 들루브리에(Delouvrier), 마세(Massé) 등 프랑스 경제의 재건과 근대화를 지휘했던 위대한 테크노크라트들은 프랑스 사회에 대한 총체적 시각을 가지고 있지 않았던가? 그리고 그들은 경제의 효율성에 대한 추구만큼이나 사회정의에 대해서도 많은 근심을 가지고 있지 않았던가?

결국 총체적인 시각이 문제였다. 전후(戰後) 전세계 대다수 국가들이 경험했던 것은 국가발전에 대한 통합적인 프로젝트, 즉 경제적·사회적·국가적 목표들을 결합시키는 프로젝트였다. 이 같은 발전방식은 거의 모든 지역에서 추진되었다. 전쟁의 폐허를 복구해야 했던 유럽에서부터, 양적인 성장만큼이나 사회적 진보에 대해서도 많은 관심을 기울였던 경제학자들이 국가의 '내적인' 발전을 도모하기 위하여 '민족주의적-인민주의적' 국가에 의거했던 라틴아메리카 그리고 새로운 국가의 건설을 목표로 탈식민화를 외치던 국가들, 심지어 통합적인 국가발전 프로젝트를 비민주적 방식으로 추진했던 공산주의 국가들에 이르기까지 다 휩쓸었다.

그렇지만 이 총체적이고 통합적인 발전방식은 60년대에 들어서면서 그와는 대립되는 모델 ― 즉 시장의 우위에 동조하는 모델 ― 에 의해 점차 위력을 상실하고 밀려나게 된다. 국가에 의해 통제되는 발전은 종종 잘못된 재정지출과 때때로 관료화와 부패를 낳았고, 많은 기업들의 경쟁력을 약화시켰다. 이와 함께 일찍이 영국·독일·프랑스 등에서 복지국가에 대한 좌파의 비판이 보여주었던 것처럼, 사회적 불평등의 해소는 점점 더 도달하기 어려운 목표가 되고 있었다. 상징적으로, 70년대 석유파동은 하나의 새로운 시기의 시작을 나타내는 것이었다. 산유국들이 산업국가들로부터 벌어들인 돈은 미국계 은행들에 투자되었고, 미국계 은행들은 전세계 곳곳에서 ― 특히 라틴아메리카에서 ― 대출자들을 찾아다녔다. 이렇게 경제는 세계화되었다.

바로 이 시기에 일본이나 한국 같은 나라들은 수출우위 정책을 실시하면서 신흥 산업국가로 등장하였고, 이들과의 경쟁은 구 산업국가들에게 큰 위협이었다. 특히 구 산업국가들에서 경제에 대한 통제와 규제는 더 이상 불평등의 축소라는 명분을 획득하지 못했고 ― 크레디 리오네(Créit Lyonnais, 프랑스 제1의 국영은행―옮긴이)에서 에어프랑스

(프랑스 국영항공사—옮긴이)까지 그리고 보험회사 GAN에서 군수업체 GIAT에 이르기까지 공기업들의 실패로 값비싼 대가를 치렀던 프랑스에서 볼 수 있었던 것처럼—결국 커다란 실패로 귀결되고 말았다. 따라서 이 국가들은 통제와 규제로부터 경제를 해방시켜야 할 필요성을 스스로 인식하게 된다. 이리하여 '프랑스적 예외', 공기업의 경제적 실패, 비대화된 관료주의, 기업경영진 선임에서의 엘리트주의를 비롯하여 그 밖의 다른 주제들에 대한 비판이 20여 년 전부터 범국가적인 토론의 주요 주제로 오르게 되었다.

그러나 이러한 비판들은 그 자체로서 정당하고 반드시 필요한 것이긴 하지만, 본질을 은폐할 우려가 있다. 모든 사회적·정치적인 통제로부터 자유로운 경제라는 사고는 불합리한 것이다. 경제는 정치적인 목적들에 봉사해야 하는 수단들의 체계이다. "국가의 서투른 개입으로부터 그리고 비효율적으로 되어버린 사회적 관리방식으로부터 경제를 해방시켜야 한다"라고 말하는 것과 "시장은 외부의 개입 없이 그 스스로 조정되어야 한다"라고 말하는 것은 커다란 차이가 있다.

이 두번째 사고방식은 하나의 이름을 갖는다. 자본주의. 이것은 사람들이 정의하기를 꺼려하기에 그만큼 더 많이 입에 오르내리고 있는 경제의 세계화와는 전혀 다른 것이다. 자본주의, 그것은 모든 외부의 통제를 거부하고 자신의 이익을 위해 사회 전체를 움직이려 하는 시장경제이다. 자본주의, 그것은 자본주의 경제에 의해 지배되는 사회이다.

그래서 현재 진행중인 낡은 경제 운영방식의 해체는 위험성을 내포하고 있다. 이러한 해체는 필수 불가결하지만 동시에 위험스럽기도 하다. 왜냐하면 해체의 궁극적 목적은 경제에 대한 하나의 사회적 통제형태에서 다른 형태로 이행하는 것이지, 결코 모든 사회적 통제로부터 자유로운 경제라는 환상 — 하지만 배제와 소외와 불평등의 확대로 귀결되는 환상—속으로 빠져드는 것이 아니기 때문이다.

솔직히 말해 이러한 설명들은 너무 온건하다. 19세기 말에서 20세기 초의 자본주의 승리가 가져온 결과들을 다시 한 번 생각해 보자. 점점 더 금융화되어 가는 자본주의의 헤게모니 앞에서, 경제에 대한 통제력을 잃어버린 국가들이 민족주의에 투항해 버렸던 것을 우리는 경험한 바 있다. 이 민족주의는 때로는 반동적이기도 하고 또 때로는 혁명적이기도 했지만, 어느 경우에서든 산업세계의 폭발로 제1차 세계대전에 선행했던 혹은 같이 진행되었던 모든 혁명들로 그리고 결국은 전체주의 체제의 건설로 귀결되어 버린다.

처음에는 경제가 사회와 정치를 지배하기를 원했지만, 곧 정치가 경제와 사회를 지배하게 된다. 이 두 경우 속에서 주된 희생양은 사회적 활동과 교환, 참여 그리고 민주주의였다. 만일 우리가 오늘날 금융자본주의의 이해관계들에 굴복한다면, 우리는 20세기에 경험했던 것보다 더 폭력적이고 호전적인 21세기를 맞이하게 될 것이다.

이러한 관찰들이 아마도 이해될 수는 있겠지만 사람들을 움직일 수 있을 정도로 강한 설득력을 갖지는 못할 것이라는 걸 나는 잘 알고 있다.

왜냐하면 우리는 우파와 마찬가지로 좌파에게서도, 다국적화된 기업의 임금노동자들과 마찬가지로 국제적인 조직들에게서도 나오는, 다음과 같은 담론 속에 휘말려 있기 때문이다. "우리는 기술의 변화와 새로운 초국적기업과 금융조직들 그리고 값싼 노동력을 가진 신흥 산업국가들의 등장에 의해 형성되는 전지구화된 경제 속에서 살고 있으며, 이 점에서 정치적 선택에 대해 말한다는 것은 어리석은 일이다." "현실적으로 우리에게는 좋건 나쁘건 국제적인 경제활동의 새로운 조건들에 적응하는 길 외에는 다른 선택의 여지가 존재하지 않는다." "미국이 정치적 노동자의 사각지대인 것은 전지구화가 사실은 미국화이기 때문이며, 미국이 문화적으로나 군사적으로 헤게모니를 잡고 있기 때문이다."

이와 같이 우리가 늘 듣고 있는 이야기를 계속해서 반복할 필요가 있을까? 이러한 이야기들 속에서 도출되는 내용들은, 무기력함을 느끼는 우리의 감정과 또 그 결과로서 현재의 상황전개에 적대감을 나타내는 담론—예를 들어 마

스트리히트 조약과 암스테르담 조약에 대한 비난, 민족국
가의 재건과 방어에 대한 요구들──이 성행하는 이유를 충
분히 설명해 주고 있다.

하지만 이 모든 것이 허위였다면? 이 모든 것이 분석이
라는 예리한 바늘을 갖다 대기만 하면 터져버리고 마는 이
데올로기적 비눗방울에 불과한 것이었다면?

우선 내가 간략하게 지적했던 것처럼, 정보사회와 세계
화된 경제를 구분할 필요가 있다. 실시간으로 이루어지는
정보들의 전파는 중요한 사건임에 틀림없지만, 1900년의
경제상황이 그리고 영국의 패권이 전신기 혹은 전기산업의
형성에 의해 설명되었던가?

라이흐(Robert Reich)와 카스텔(Manuel Castells)은 기업
이 시장의 세계와 기술의 세계를 이어주는 중계자가 될 것
이라고 매우 정확하게 지적했다. 바로 여기서, 내가 비판하
고 있는 이데올로기적 축조물의 절반은 치명타를 맞는다.
미국이 현재와 같은 패권을 장악할 수 있었던 것은 상당 부
분 새로운 기술의 개발과 발전──독일이나 프랑스는 이 같
은 기술들에 적응하는 데 많은 시간이 걸리고 있다 ── 에
힘입은 바 컸고, 이 새로운 기술들과 연결된 조직과 기구
형태를 변모시켰기 때문이다. 그에 비해 유럽 국가들은 큰
것이 아름답다로 상징되는 낡은 산업모델에 지나치게 얽매
여 있다. 그러나 이 모든 것이 다 중요하고 또 우리의 미래

가 펼쳐질 주요한 장들 가운데 하나인 것만은 분명하지만,
〔현재 진행되고 있는〕 전지구화와는 그다지 큰 관계를 가지
고 있지 않다.

　초국가적인 기업들이 점점 더 그물망처럼 조직화되고 있
는 것은 사실이며, 국가간 교역이 세계 총생산규모보다 더
빠르게 증가하고 있는 것도 사실이다. 그러나 이러한 현상
은 이미 2, 30년 전 세계화에 대한 파국적인 담론을 거의
듣기 힘들었던 시절부터 일어나고 있지 않았던가? 100여
년 전부터, 뒤르켐 이후의 모든 사회학자들이 보여주었듯
이 교환의 비중은 근대성의 확장과 더불어 증가하고 있다.

　그러나 비록 이 같은 현상의 가속화가 사회적 활동과 특
히 국제경제를 끊임없이 변모시켜 나간다 할지라도, 교환
은 근대성에 대한 최상의 정의들 중 하나라는 것을 좀더 솔
직하게 인정하도록 하자. 선진국의 상당수가 가라앉는 동
안 제3세계의 많은 국가들이 '부상'했고, 우리는 그 결과
지난 수십 년 동안의 빈곤에서 빠져나온 국가들을 목격했
으며 새로이 생겨난 수백만 명의 생산자와 소비자들이 선
진국과 제3세계라는 낡은 구별을 무용지물로 만드는 것을
보았다.

　이제 금융조직의 발전으로 화제를 돌려보자. 자본순환의
규모와 비교하면 재화와 서비스의 국가간 교역은 보잘것없
어 보일 정도로, 금융조직은 놀라운 발전을 거듭하고 있다.

자본이 하루에도 여러 명의 주인을 거칠 수 있고 또 여러 번 되풀이하여 새로이 계산될 수 있는 것은 사실이며, 이것이 바로 1910년 힐퍼딩(Rudolf Hilferding)이 금융자본주의라 불렀던 것의 지배를 점점 더 가시화시키고 있다. 하지만 이것이 필연적으로 기술의 변화와 시장의 국제화로 연결되는 현상은 아니다.

불과 얼마 전까지만 해도 프랑스는 소비수준이 취약하고 경제정책들이 통일성이 없거나 모순적인 상황에 놓여 있었다. 이 기간 동안, 국가재정에서 자본이 차지하는 부분이 노동부분에 비해 증가했고, 도발적이고 폐허와 빈곤을 몰고 오는 회오리바람처럼 빠르게 이동하는 금융투기가 생산을 위한 투자보다 증가했다. 하지만 이 같은 금융자본주의의 과잉발전을 결코 피할 수 없다는 생각은 대체 어디에서 나오는가? 유럽에서의 일정 정도 성장성 회복은 생산적 투자의 증대를 가져올 것이며, 이와 동시에 외국에서 유입되는 자본은 각종 규제에 의해 제한되고 특히 기술의 발전과 기업정신의 쇄신 —이는 나의 바람이다— 이 이루어지는 산업국가들에서는 교착상태에 빠질 것이라는 것을 우리는 생각해 볼 수 있다.

우리를 압박하고 있는 위협의 주요 원인은 경제의 세계화 혹은 새로운 산업국가들의 부상이 아니라, 전세계적으로 자본의 자유로운 이동이라는 것을 지적할 필요가 있다.

이를 확인시켜 주는 최상의 증거는 자본의 무절제한 이동에 맞서 조치를 취한 나라들에서 찾을 수 있다. 예를 들어 자유주의적 경제운영 구조를 가지고 있던 칠레나 이와는 상이한 경제체제를 가지고 있던 중국은 모두 느닷없이 덮치는 위기로부터 자국을 보호할 수 있었던 데 비해, 이와 반대의 경우인 멕시코나 인도네시아 등은 그렇지 못했다.

재화교역의 자유와 자본의 통제할 수 없는 흐름은 서로 다른 두 개의 현실이다. 세계은행의 수석경제학자 스티글리츠(Joseph Stiglitz)와 MIT의 크루그먼(Paul Krugman)은 자유주의 경제학의 신봉자들이다. 그렇지만 그들은 자본흐름에 대한 국가의 통제를 선호한다.

따라서 경제와 새로운 기술에서부터 노동의 새로운 국제적 분업에 이르기까지 모든 측면을 탄핵하는 것을 멈추고, 자본의 무절제한 흐름 속에 존재하는 위험을 지적하도록 하자. 그것은 전적으로 금융상의 타산에 의해 단기간에 경제 전체를 난폭하게 파괴할 수 있는 위험이다. 이처럼 파국의 책임은 국제자본과, 자국의 경제를 방어할 줄 몰랐거나 (혹은 방어를 원하지 않았거나) 자국 금융시스템의 불안정성에 끌려다녔던 국가가 함께 나누어 져야 한다.

90년대 일본에서 금융거품의 폭발, 한국에서 재벌들의 자본금을 초과한 과잉부채가 낳은 파산적 결과들 그리고 인도네시아 정부의 정치적 취약성은, 경제 · 금융 · 정치가 하나의 블록을 형성하지 않았지만 가장 파멸적인 방식에서 가장 유용한 방식까지, 다양한 형태로 결합할 수 있다는 것을 잘 보여주었다. 여기서 위기의 원인은 부패와 소득재분배 정책의 부재 그리고 금융집단의 경제적 무책임성이었다.

러시아를 경제와 정치권력의 파멸로 몰고 갔던 위기를 통해, 우리는 경제의 전지구화와 금융순환의 세계화가 그 어떤 정치적 개입으로도 통제가 불가능할 정도로 위력적인 현상이라는 생각을 교정해야 할 것이다. 이 위기가 애당초 정치적 위기에서 출발했다는 것을 어떻게 무시할 수 있겠는가?

중부유럽의 구 공산주의 국가들이 어느 순간 지난날의 공산주의 권력을 복귀시키면서 동시에 시장경제를 건설한 반면, 러시아는 1991년 옐친이 공산주의 체제와 완전히 단절한 이래로 자기변신에 성공하지 못하고 있다. 그것은 효율적인 공공행정이 존재하지 않는데다 국가가 조세를 징수할 능력도 명확한 행동 프로그램도 가지고 있지 못했기 때문이다. 이러한 무능은 러시아를 원자재 수출과 자본의 상당 부분의 해외유출에 의존하는 원초적인 경제형태로 몰고 갔다.

러시아의 위기가 세계경제에 영향을 미친 것은 사실이지만, 이 위기를 촉발시켰던 것이 자본주의의 침투라고 단언할 수는 없다. 명백하게 위기의 주된 책임은 성장과 균형의 조건들을 만들어낼 수 없었던 공공권력에 있다. 따라서 생산적인 투자보다는 금융이익을 추구하는 자본의 흐름에 의해 조장되는 극단적인 위험들을 강조하면서도 동시에 이것은 위기의 한 측면일 뿐이며 또 이런 점에서 정부의 책임이 중요하다는 것을 인식해야 한다.

결국 세계화의 또 다른 중요한 측면, 즉 1989년 이래로 가시화되고 있는 미국의 헤게모니가 전적으로 경제의 전지구화에 의존하고 있는 것은 아니라는 점을 강조할 필요가 있을까? 왜냐하면 이 헤게모니는 소련과 대립하고 있던 냉전에서 미국이 거둔 승리의 논리적 결과이기 때문이다. 미국이 앞으로도 오랫동안 동맹국들에게 새로운 걸프전을 강요할 수 있을 것이라고 우리로 하여금 확신케 해줄 수 있는 것은 아무것도 없다. 다만 유럽은 정치적 · 외교적 취약성 때문에 〔세계화의〕 초기 단계에서 국제적인 역할을 담당하지 못하고 있는 것이다.

이제 세계화와 자유주의를 동일한 흐름으로 적대시하는 것을 멈추자. 금융자본주의를 비난하도록 하자. 그리고 특히 코헨(Elie Cohen)이 주장했던 것처럼, 국가적 활동영역의 대부분에서 정부의 개입능력은 아직도 매우 크다는 것을 그리고 경제논리는 거역할 수 없는 것이 아님을 자각하도록 하자.

마스트리히트 조약(1991년 12월 네덜란드의 마스트리히트

 어떻게 자유주의에서 벗어날 것인가

에서 열린 유럽이사회의 합의에 따라 체결된 조약으로 유럽통합을 경제영역을 넘어 정치·외교 분야까지 확대 적용하도록 규정했다. 일명 '유럽연합조약'—옮긴이)과 암스테르담 조약(1997년 6월 17일과 1997년 10월 2일 유럽 각국의 정치지도자들이 암스테르담에서 서명한 조약으로 유럽연합에 정치적·제도적 틀을 부여하였음. 특히 정부간 협의기구를 발족—옮긴이)의 발효는 유럽 국가들의 기술발전 정책과 사회정책에서 점점 더 중요한 의미를 지니게 될 것이다.

유럽 국가들은 더 이상 자국의 정책이행에 구사하던 전통적인 수단들, 즉 재정·통화 수단에 영향력을 행사하지 못하게 될 것이다. 그리하여 재정균형의 중요성에 대하여, 강한 프랑화 혹은 약한 리라화의 중요성에 대하여 끝없이 반복되는 선언들이 정치권에서 반향을 불러일으키는 것을 보지 못하게 될 것이다. 그 대신 우리는 행복하게도 생산에 대하여, 노동생산물의 재분배에 대하여, 주요한 위험들로부터의 보호에 대하여, 의료와 교육의 개선에 대하여, 사회보장을 강화할 방법에 대하여 그리고 품위 있는 은퇴와 도시의 재구성과 점점 더 다문화적으로 되어가는 사회의 운영에 대하여 다시 이야기하게 될 것이다.

이와 같은 지각 있는 고찰 이후에도 전지구화의 이념 속에 계속해서 남아 있는 것은 무엇일까? 아무것도 없다. 결국 전지구화 이념은 이데올로기적 공갈일 뿐이다. 사람들은 이 이념을 앞세우면서, 세계대전 이후 채택된 국가발전을 위한 통합적 프로젝트의 폐허 위에서 새로운 총괄적인 통합체, 다시 말해 경제적인 동시에 사회적이고 국제적인 통합체를 건설해야 한다는 것을 우리에게 확신시키려 애쓰고 있다. 그들이 원하는 것은, 국가가 관리하는 사회에서 자유주의적 사회로의 이행, 계획경제에서 시장경제로의 이행을 우리에게 믿게 하는 것이다.

현실은 이러한 이데올로기의 주장과 정반대라는 것을 사람들이 납득할 수 있도록 내가 충분히 이야기했기를 바란다. 사실 우리는 통합적인 국가모델을 벗어나, 다양한 차원의 경제적·사회적·문화적 활동들이 파편화되고 서로 분리되어 버린 국제적인 상황에 들어와 있다.

그러나 '유일 사상'의 이 같은 성공은 어디에서 기인하는가? 한 가지 확실한 것은 현재 세력을 가지고 있는 경제·금융계이다. 그 수준이 천차만별인 상당수의 책들이 자유주의적 경제정책의 우월성을 효율적으로 찬양한 바 있다. 그러나 실업과 불만이 높아가고 있음에도 불구하고, 왜 이들의 선전이 그 같은 성공을 거두었는지 우리는 잘 이해하지 못하고 있다.

사실 전지구화의 이념이 퍼져나간 것은 우파에게서라기보다 극좌파에게서이다. 이 이념은 경제에 대한 새로운 사회적 통제형태의 창출은 불가능하다는 명목 아래 전통적인 관리경제 형태의 존속을 정당화하려 애썼다. 세계를 향한 경제의 개방과 기득권층의 사회적 이해관계에 대한 옹호는 논리적으로 서로 조화를 이룰 수 있었다. 왜냐하면 이 둘은 보호받지 못하고 있는 사회계층들의 주변화와 때로는 배제까지도 합의하고 있기 때문이다.

노조활동의 취약성, 특히 프랑스의 경우 노조활동과 공공부문의 수호를 동일시하는 것은 결국 경제·금융 행위자들에게 자유로운 활동공간을 열어주는 것이 되었다. 그들은 자신들의 자유로운 활동을 규제할 수 있는 것이 아무것도 없다고 설득하려 하지만, 그들의 기득권 유지가 초래하는 부정적인 경제적 효과는 가장 취약한 계층을 희생시키고 있다. 결국 금융계의 **골든 보이**들만큼이나 우파와 좌파의 사회적 보수주의 또한 선호하고 있는 자본주의적 이데올로기가 광범위하게 확산되는 데는 경제적 상황보다는 사회적 상황이 더 큰 역할을 담당했다.

내친김에 하는 말이지만, 이상과 같은 상황은 우리로 하여금 사회적 관계의 변화를 위하여 행동하도록 자극하게 될 것이다. 사실 프랑스 생디칼리즘은 20여 년 전부터 붕괴되어 왔고 노동조합은 조합원의 약 1/3~2/3을 잃어버렸다. 이와 달리 비록 어느 정도 취약성을 지니고 있음에도 불구하고 독일과 스웨덴, 이탈리아 등지에서는 생디칼리즘이 여전히 강하게 존재하고 있다. 특히 이탈리아에서 주요

좌파정당과 거대 노동조합들이 지지하는 경제적 균형정책
과 자유화 정책이 성공적으로 이끌어질 수 있었던 것은 생
디칼리즘이 건재했기 때문이다. 또 주목할 만한 예는 덴마
크·네덜란드·포르투갈 등인데, 프랑스에서는 여전히 양
립 불가능한 것으로 간주되고 있는 경제개방과 사회보장의
결합 가능성을 이 나라들에서는 보여주고 있다.

　물론 경제의 세계화를 이야기하는 것은 정당하다. 하지
만 문제는 새로운 통합적 모델이 형성되고 있다는 것만 주
장되어 왔다는 점이다. 이것은 우리가 관찰하고 있는 현실
과는 정확하게 반대되는 것이다. 현재, 경제체제(그리고 특
히 금융경제)는 자신이 속해 있어야 할 사회 전체나 사회
적·문화적·정치적 반응들과 점점 더 분리되고 있다. 더
구나 이 반응들은 정체성의 문제와 갈수록 더 밀접한 관계
를 맺어나가고 있는데도, 다시 말해 더 이상 경제적인 이해
관계가 아니라 스스로에 대한 자각 ── 그것이 윤리적이건
민족적이건 종교적이건 간에 ──을 함양시켜 주는 이해관계
들에 근거하고 있는데도 말이다.

　세계는 통합되고 있는 것이 아니라 파편화되고 있다. 이
런 의미에서 후쿠야마에 대한 헌팅턴의 반대는 정당한 것
이지만, 그렇다고 해서 그의 저작들이 후쿠야마의 저술들
보다 더 설득력이 있는 것은 아니다. 통합에 관한 온갖 종
류의 담론이 전세계 많은 곳에서 승리를 거두고 있음에도

 어떻게 자유주의에서 벗어날 것인가

불구하고, 곳곳에서 받아들여지고 있는 (혹은 존중받고 있는) 사회모델의 이념 —즉 시장경제와 대의제 민주주의와 문화적 관용이 결합된 모델의 이념 —은 명백하게 허구이다. 미국은 시민성을 파괴하는, 따라서 정치적 행동능력을 파괴하는 '정체성에 관한 정책'이 가장 강력하게 성행하고 있는 나라이며, 더구나 정당들에 대한 금융로비들의 영향력이 점점 더 커지고 있는 상황에서 이 같은 현상은 더욱더 강해지고 있다.

이와 같은 단절상태 속에서 두 개의 담론이 평행선상에 놓여 있다. 경제적 세계화의 담론과 문화적 정체성의 담론이 그것이다. 이것은 공적인 개입 시스템과 전적으로 정치적인 논의들의 파괴 혹은 사회과학의 방향상실의 원인이자 결과이다. 국제화된 경제와 점점 더 특수화되어 가는 정체성들의 방어 사이에 존재하는 이와 같은 정치적 공백 속에서 정치를 변화시킬 수 있는 능력을 가진 사회운동이 대두하기란 불가능하다.

이것은 반역의 중요성을 그리고 특정 국가들에서는 폭력의 중요성을 설명해 준다. 이 같은 반역들은 자발적으로 생겨나며 집단적 행동의 전적으로 비판적이고 반(反)제도적인 특성을 강화시킬 뿐 아니라, 객관적 상황과 주관적 반응 그리고 개인과 집단이 상호 강화되는 악순환을 고착시키는 데 일조한다. 이 같은 반역들은 정치적 행동, 다시 말해 국

가 스스로 경제와 문화 사이의 이러한 위험스런 분열을 축
소시키기 위해 영향력을 발휘할 수 있는 능력을 무기력하
게 만들거나 더욱더 취약하게 만드는 결과를 초래한다.

전지구화 이념에 대한 이상과 같은 비판적 분석은 두 가
지 결론에 도달한다. 첫번째는 역사적 형태와 관계된 것이
다. 세계사회의 형성을 믿어야 할 이유들이 제1차 세계대전
이 발발하기 직전인 1913년의 상황 속에 존재하지 않았던
것과 마찬가지로, 오늘날에도 존재하지 않는다.

대부분의 이데올로기가 그러하듯이, 전지구화 이념이 대
중적인 공간 속에 그 모습을 드러내는 것은 분석에 요구되
는 현실적인 유용성을 상실하기 시작하는 순간부터이다.
이것은 프랑스를 포함한 많은 나라들에서 사람들이 생산에
대해, 공적 개입에 대해 그리고 또 평등과 사회보장에 대해
새로이 이야기할 때 특히 그러하다.

두번째 결론은 우리와 좀더 직접적인 관련이 있다. 세계
적인 자본주의 사회 건설의 신화가 되기를 원하는 전지구
화 이념이 단순히 이데올로기적 구성물에 지나지 않는다고
할지라도, 우리는 그것을 무너뜨리는 과정에서 우리의 행
동 가능성에 대해 자각하고 또 우리의 의견과 정치적 결정
에 대한 논의들의 타당성과 책임성을 자각하게 될 것이다.

자본의 운동이 지닌 비합리성은 오직 정치적이고 자발적
인 개입에 의해서만 격퇴될 수 있을 뿐이다. 기술의 발전,

소비의 증대 그리고 사회파괴에 반대하는 투쟁과 지속 가능한 발전을 위한 투쟁이 우리의 주요한 목표가 되어야 한다. 우리의 첫번째 과제는 금융자본주의와 정부의 무책임성에 대한 적극적인 비판을 근대경제에 대한 총체적인 부정 — 이것은 자신이 공격하고 있는 대상만큼이나 그리고 과거로 돌아갈 것을 설교하고 있는 것만큼이나 허구적이다 — 과 혼동하지 않으면서 긍정적으로 작용할 수 있는 힘들을 식별해 내는 일이다. 다시 말해 모든 형태의 인민주의가 지니고 있는 비합리성으로부터 우리를 해방시켜야 한다.

인민주의가 여론, 특히 가장 빈곤한 계층들을 현혹시키려 하고 있는지 혹은 인민주의 그 자체가 환상에 빠져 — 이들의 표현에 따르면 — 곳곳에서 악이 저항할 수 없는 방식으로 퍼져나가고 있는 세계에서 스스로에게 재난의 예언자 역할이라는 성스러운 사명을 부여하고 있는지를 아는 것은 별로 중요하지 않다. 어떤 경우이건간에 이 같은 환상, 이 같은 오류 그리고 이 같은 부정들과 단절해야 한다. 이것들과 정확히 반대되는 행보 속에서 사실의 분석, 특히 의견을 교환하고 행동을 제안하는 것에 다시 우선권을 부여해야 한다. 왜냐하면 아직까지도 우리는 광대한 자유의 공간을 가지고 있기 때문이다.

'지속 가능한 성장'이라는 놀라운 표현이 말해 주고 있는 것처럼, 성장이 점점 더 간접적인 요인들에 의존함에 따라

성장곡선의 상승은 멈추지 않는다고 이야기할 수 있을 정도가 되었다. 하나의 사회가 근대화되기 위해서는 더 이상 노동과 자본의 축적 혹은 도로와 학교, 공공행정과 컴퓨터의 확충만이 문제가 아니다. 이와 더불어 거의 예측할 수 없는 변화무쌍한 환경에 둘러싸여 있으며 개방된 경계들에 대해 취약한 체제의 생존을 보장하는 것이 필요하다. 물론 우리는 전후(戰後)의 주의주의적 성장방식이 지닌 환상과 폐허에서 벗어나야 한다. 그러나 우리는 또 지구 전체로 확장된 자본주의의 엄청난 압력에 맞서는 저항의 필수조건인 사회적 · 도덕적 요구들과 가능성의 의미를 되찾아야 한다.

바로 이러한 맥락에서 이 책의 제목이 제기하고 있는 질문은 그 자체의 온전한 의미를 갖는다. 어떻게 자유주의에서 벗어날 것인가?

불행하게도 어떤 국가들은 (특히 프랑스는) 상호 대립되는 두 가지 문제를 동시에 해결해야 한다. 이 나라들은 자유주의를 향하여 아직 한 발만 내디뎠을 뿐임에도 불구하고, 자유주의로부터 벗어나야만 하는 처지에 놓여 있다. (직접적이든 사회보장 시스템을 통해서든 혹은 경제활동에 대한 개입을 통해서든, 국가가 나라 재원의 절반을 관리하는 나라에서 극단적 자유주의에 관한 이야기들을 들을 수 있다는 것이 우스꽝스럽지 않은가?)

경제에 대한 낡은 사회적 통제시스템에서 아직 벗어나지

 어떻게 자유주의에서 벗어날 것인가

못하고 있으면서 새로운 시스템의 창안을 망설이고 있는 이 나라들은 가장 어려운 상황에 놓여 있다. 이 나라들은 야만적 자본주의에 빠져들어 갈 위기에 빠져 있다. 자본주의를 통한 근대화를 거부하고 배제된 자들의 필연적인 대응을 집단이기주의나 기득권의 유지와 혼동하는 과격한 반대세력이 이 나라들에서 활동하고 있는 것이다. 프랑스 사회는 스스로의 실천 속에서 사이비 이론가들이 주장하는 것보다 훨씬 더 창조적인 방식으로 대처하고 있고 또 새로운 사회정책을 낳을 수 있는 새로운 요구와 경제적 효율성 간의 조율이 가능함에도 불구하고, 온갖 부류의 인민주의들—그중 가장 두드러지면서도 가장 위험한 부류는 민족전선을 통해 나타나고 있으며 또한 극좌파에게서도 생겨나고 있다—은 현재의 문제들을 모호하게 만들고 있으며, 더 나아가 해결 불가능하게 만들고 있다.

우리는 여전히 일정 부분, 특히 정신적인 부분에서 세계대전 이후의 재건국가 체제하에 살고 있으면서도 동시에 거역할 수 없는 방식으로 새로운 국제환경과 또 다른 문화적 공간에 이미 연루되어 있기 때문에, 불안정한 평형 속에 존재하고 있다고 할 수 있다.

분명히 우리의 경제적 실천과 대중여론 상태는 프랑스 사회에 활력을 불어넣기에 충분할 정도로 변화되어 있다. 그러나 사회적 목표와 경제적 목적과 결합되어 있는 정치

행동이 너무나 오랫동안 부재함으로 해서 과거에 고착되어
있던 모든 형태들, 온갖 형태의 인민주의가 그대로 유지되
고 있다. 이것들은 마치 우리가 우리의 실천이나 실제 경험
과 공공연히 모순관계에 있는 자코뱅주의와, 국적을 전혀
가지지 않은 자본주의 중에서 어느 하나를 선택할 수밖에
없는 것처럼 행동하고 있다.

만일 우리가 야만적 자본주의 속으로 추락하는 길 이외
에는 달리 선택할 여지가 전혀 없었다면, 나는 낡은 공화주
의나 좌파인민주의와의 연합을 택했을 것이다. 그러나 가
장 극단적인 지적 타락만이 우리가 그러한 선택의 기로에
놓여 있다고 우리를 설득할 수 있을 뿐이다. 19세기 말, 자
본주의의 가공할 공세 속에서도 우리는 사회법안들을 제정
하였으며 더 넓게는 20세기 초의 사회민주주의들이 계승하
게 될 산업민주주의를 건설하였다. 이 시기 동안, 지적 활
동이 산업문명에 대한 완강한 거부로 위축된 적은 결코 없
었다.

하지만 왜 오늘날에는 그때와 다른 모습이 나타나고 있
는가? 그 대답은 쉽게 나온다. 국가 차원의 정치권력이 무
기력해졌기 때문이며, 유럽 차원의 제도들은 스스로 자본
의 자유로운 순환에 봉사할 때 그리고 북아메리카만큼이나
광대한 경제적 공간으로의 통합에 봉사할 때만 비로소 유
효성을 가질 수 있기 때문이다. 그래서 다시 반복하는 말이

 어떻게 자유주의에서 벗어날 것인가

지만, 우리의 비전은 모든 토대를 상실해 버린 것이다.

그렇지만 국제화된 경제와 우리의 개인적인 활동 사이에는 결코 공허하지 않은 하나의 정치공간이 존재하고 있다. 산업사회의 문제들을 결산하고 정보사회의 문제들로 이행하는 것이, 그리고 관리경제의 문제들을 결산하고 시장경제의 문제들로 이행하는 것이 어렵고 오랜 시간이 걸린다 할지라도, 이 정치공간은 국제화된 경제와 우리의 개인적 활동 사이에 계속적으로 개입하고 있다.

경제의 경쟁성과 사회보장, 유럽의 건설과 민족적 정체성 사이에서의 궁극적인 선택이 우리에게 주어지고 있다. 이 선택들은 우리를 절망과 혼란 속에 빠뜨린다. 왜냐하면 사람들이 양립 불가능하다고 이야기하는 이 목표들 가운데 그 어느 것도 우리는 포기하기를 원치 않기 때문이다. 이제 이러한 테러적인 담론들에서, 인위적인 이분법에서 벗어나도록 하자.

우리들 활동의 산물은 단지 국제교역을 위해서만 이용될 뿐이라고 혹은 사회보장을 위해서만 쓰일 뿐이라고 믿는 사람이 누가 있겠는가? 공기업의 부실운영, 교육의 실패, 도시간의 격차, 엘리트에게 편중된 불평등한 고용체계, 혁신을 가로막는 행정의 족쇄, 이것들을 보존하기 위해 그토록 큰 대가를 치러야 하는가? 기술혁신, 국내시장의 확대, 사회적 부담금과 조세의 정비, 이것들이 프랑스 경제의 경쟁성에 있어서 정말 하찮은 것들인가?

마치 프랑스 경제가 외부의 힘에 의해서만, 저 유명한 국제시장에 의해서만 조정되고 운영되는 것처럼 이야기되고 있다! 더욱이 프랑스 대외교역의 최소한 2/3는 유럽연합 내에서 이루어지고 있으며, 따라서 유럽연합 내에서의 교역량 비율이 서유럽과 미국과의 교역량을 합친 것보다 여전히 더 높다는 것을 다시 한 번 상기시킬 필요가 있을까?

논쟁적인 정신으로 프랑스 관료주의에 갖은 악담을 다 퍼붓는 것이나 극단적인 담론으로 국제화된 시장에 대한 개방에서 생겨나는 우리의 재난을 설명하는 것은, 행정적 불합리성과 충돌하는 사람들 혹은 기업의 해외이전으로 실업자가 된 사람들을 만족시킬 수는 있을 것이다. 그러나 이런 반응들이 지극히 당연한 것임에도 불구하고, 이로써 모든 것을 설명하려 할 때 이 반응들은 불합리한 것이 되어버린다. 심지어 터무니없는 것이 될 수도 있다.

예컨대 새로운 산업국가들의 부상에서 정치가 중심적 역할을 담당했던 지역의 모든 기업들을 무슨 권리로 비난하는가? 프랑스 대외교역의 전반적인 흑자는 어디에서 나오는가? 충분한 능력과 수단을 취득하기 위한 활동이 거의 존재하지 않는 소규모 병원들의 개혁을 추진하지 않고 현상태로 유지하는 것이 진정으로 사회보장보험을 방어하는 것인가?

절대시장과 절대국가 사이에서 어느 하나의 선택을 거부하는 것이 절충주의로 빠져드는 것을 의미하지는 않는다.

이제 아무것도 하지 않으면서 두려움부터 갖는 것은 멈추자! 여전히 위협이 존재하지만, 마찬가지로 〔우리가 할 수 있는〕 선택 또한 존재하고 있다. 유일 사상과 역(逆)유일 사상을 동시에 벗어버리고 자유주의적 이행에서 벗어나는 방식들, 다시 말해 경제에 대한 그리고 정치공간에 대한 사회적 통제의 형태에서 다른 형태로 나아가는 고통스럽지만 필연적인 과정의 좋은 방식과 나쁜 방식을 구분해 보자.

2

자본주의로부터의 네 가지 출구

2. 자본주의로부터의 네 가지 출구

동일한 실수를 되풀이하지 말자. 시장의 힘들이 지금까지 악영향을 끼친 사회적·경제적 보호주의를 파열시키는 데 공헌했다고 기뻐할 수는 있지만, 그렇다고 해서 사회가 시장으로 축소될지 혹은 경제에 대한 모든 사회적·정치적 통제의 소멸이 가능해질지는 아무도 알 수 없다. 구조조정을 시도하고자 하는 많은 나라들의 노력과 그들의 경제성장과 오랜 절망에서 벗어나기 위한 그들의 갈망을 위협하면서 점점 더 금융자본주의화되어 가고 있는 야만적 자본주의의 악행들을 은폐하기 위해, 전지구화라는 막연한 개념에 호소하는 것은 아무런 소용없는 일이다.

이러한 입장이 나의 결론은 아니다. 반대로 이것이 나의 출발점이다. 오늘날 자유주의에 대한 단죄는 더 이상 정치적·지적 논쟁의 중심이 아니다(그것은 이미 다 알고 있는 사실이다). 자유주의자 토니 블레어도 시장이 사회의 문제들을 해결한다고 생각하고 있는 것은 아니며, 이 점은 브라질 중도주의자 카르도소(Fernanade Henrique Cardoso)나 중국 정부 역시 마찬가지이다. 자본주의의 승리가 많은 고통과 어려움을 안겨주고 있기에, 사람들은 모든 면에서 '자유주의적 이행'으로부터 벗어나려고 노력하고 있다. 그러나 때로는 병보다도 더 몸에 해로운 약이 존재하기도 한다. 아무런 효력이 없는 약들도 있다. 자유주의로부터 진정으로 벗어날 수 있는 길을 함께 찾아보도록 하자.

뒤를 향하여

성장속도가 갈수록 더 빨라지고 있는 국제간 교역에 대한 첫번째 반응은 하나의 정체성, 하나의 역사, 하나의 언어를 고수하는 것이다. 이 반응에서는, 진실과 허위가 그리고 유용성과 위험성이 어느 하나를 거부하고 다른 하나만 받아들이기는 불가능할 정도로 서로 긴밀하게 뒤섞여 있다. 물론 프랑스인들에게 그들의 민족의식, 그들의 민족적 조직체를 가상의 세계사회 속에 용해시켜 버리라고 요구할 수 있는 권리를 가진 사람은 아무도 없다. 그러나 이 같은 민족옹호가 정체성에 대한 찬양이 아니라 사회변화와 경제에 대한 민주적 관리를 위한 것일 때만이, 이 옹호는 긍정적일 수 있다. 그렇다, 점점 더 우리 사회를 라틴아메리카 사회들과 유사해지도록 만들고 있는 이원화의 현재적 경향에 맞서 싸워야 한다. 그렇다, 살아 있는 민족적 정체성 그리고 민족국가의 행동에 대한 옹호는 발전이라 일컬어지는 것에 통합된 부분인 것이다.

필요한 것은 20여 년 전부터 붕괴해 온 경제 운영체제와는 전혀 다른 새로운 운영체제의 건설이며, 절대시장과 절대국가 간의 수사학적 대립의 지양이다. 무엇보다 먼저 관리경제의 불필요한 잔재를 그대로 보존하고 있는 것을 거부해야 한다. 그 하나의 예가 이런 것이다. 에어프랑스 조종사들이 주도한 파업에 대한 지지는 가장 불필요한 것들—자신의 위치로 돌아가야 한다는 것을 그들 스스로도 알고 있다—에 대한 옹호일 것이다. 프랑스 노조의 다수를 차지하고 있는 공무원노조의 경우 그들은 혁명적 언어로 표현되는 합법적 이해의 옹호를, 향유하는 이들과 그렇지 못한 이들 간의 사회적 분리를 심화시키는 데 일조하고 있는 기득권의 유지와 혼동하고 있다.

내가 여기서 공격하는 것은 변화에 대한 저항이나 혹은 순수하게 방어적인 실천과 화려한 담론 사이의 부조화가 아니다. 바로 경제적·사회적·문화적인 문제들을 국가주의적이고 관료주의적인 국유화의 논리에 종속시키기 위한 국가에 대한 호소이다. 이 같은 호소는 이미 낡은 방식이며, 또 이것은 경제적·사회적 그리고 문화적 근대화 속에서 프랑스가 얼마만큼 뒤처져 있는가를 상당 부분 보여주고 있다.

19세기 후반까지만 해도 프랑스는 사회문제에 대해 거의 고심하지 않았다. 다시 말해 교회권력에 대항하여 공화주의 국가를 강화하는 데 몰두하는 것만큼 노동자 착취에 대해 고민하지 않았었다. 물론 당시의 행동은 한편으로는 정당한 것이었다. 그것은 성직자의 정치간섭에 종언을 고하게 했고, 드레퓌스(Dreyfus) 사건의 발생을 가능하게 했다. 하지만 그것은 힘을 가진 노동운동을 조직화해야 할 필요성을 망각시켰다. 당시의 좌파는 사회적 존재에 대해 망각하고 있었다.

사실 노조구성과 사회입법의 문제와 관련하여, 프랑스는 영국이나 독일보다 훨씬 뒤떨어져 있었다. 프랑스에서 일련의 사회법안에 대한 투표가 실시된 건 1936년과 1945년이 되어서였다. 더구나 이 또한 사회적 행위자들의 압력에 의해서가 아니라 국가의 주도로 이루어졌다. 두 차례의 세계대전은 이와 같은 경향을 강화시켰고, 드골주의자와 공산주의자들에 의해 해방된 프랑스의 공동운영은 보편성과 시민성의 대변자로 간주된 국가와 특정 이해관계의 옹호로 축소된 시민사회 간의 대립을 극대화시켰다.

　이러한 대립 속에서 공기업은 자신이 자유의 공간임을, 그리고 자신의 주요 기능은 부정과 불평등에 맞서 시민들을 보호하는 것임을 다시 한 번 확신케 된다. 오랫동안, 아마도 빌보르드(Vilvorde)의 에피소드(벨기에의 빌보르드에 소재한 르노공장 폐쇄 결정에 따라, 벨기에 노동자들이 폐쇄에 반대하는 파업과 시위를 벌였던 사건. 공기업의 고용안정성의 신화가 깨어졌던 상징적 사건이다─옮긴이)가 발생할 때까지 공기업인 르노는 사기업 푸조와는 본질적으로 다른 기업으로 간주되었고 가스공급은 빵의 생산보다 더 우선적으로 고려되는 혜택을 누렸다.

　다시 한 번 생각해 보아야 하는 것은, 정치의 범주가 사회적 활동의 범주보다 상위에 있다는 통념 ─ 프랑스에서 특히 강하게 유포되어 있는 통념 ─이다. 사회세계는 정치세계에 종속되어야 하며, 마찬가지로 사회학은 철학에 종속되어야 한다고 공화주의 이념은 단언한다. 그래서 이 이념은 점차 부정적인 결과들을 떠맡게 된다. 어떠한 사회도 평등이라는 상위 원칙에 호소하지 않고서는 자유로워질 수도 민주적으로 될 수도 없다는 것 ─ 예컨대 법 앞의 평등과 같은 경우처럼 ─은, 그러한 원칙이 언제나 사회적 현실과 단절될 위험성을 가지고 있다는 것을 의미한다.

　프랑스는 정치적 권리를 굉장히 요란스럽게 선언했던 나

라이지만, 그 권리들을 구체적인 상황에 적용하는 방법은 잘 알고 있지 못했다. "극도로 힘든 조건 속에서 일을 하거나 그렇지 않으면 일자리를 포기해야 한다면, 시민으로서의 권리를 가진다는 것이 무슨 소용이 있겠는가?" 국영공장 노동자들의 이 같은 생각은 1848년 6월 처음으로 자본주의적 산업화의 거대한 사회적 위기를 불러일으켰다.

이것은 파리코뮌으로 그리고 수많은 공화주의자들이 찬동했던 무자비한 진압으로 이어진다. 1848~71년에 프랑스에서 벌어졌던 사건들의 훌륭한 목격자였던 마르크스는, 미숙한 파리코뮌이 인터내셔널의 대표자들을 파리에서 추방하도록 만들었던 프랑스인들의 '정치적 환상'을 정당하게 비판하였다.

이러한 생각은 다양한 형태를 가지고 있으며 여론의 거의 모든 영역 속에서 표출된다. 문제는 무엇보다도 국가라는 영역 속에 책임과 갈등 그리고 해결책의 위치를 설정하는 것이다. 우리가 가장 흔히 접하는 것은 테크노크라트들에 대한 비난이다. 그리고 여기에는 '시장의 힘에 대적할 수 있는 국가…'에 대한 호소가 즉각적으로 덧붙여진다.

부르디외(Pierre Bourdieu)의 표현을 빌려 이야기하면, 우리는 국가 프티부르주아의 이름으로 국가 부르주아를 비난하는 소리를 자주 —특히 1995년에— 들어왔다. 경제영역과 관련된 업무를 담당하고 있는 교육계나 행정기관들의 경우에서 볼 수 있는 것처럼, 이 프티부르주아들은 자신들이 국가와는 아무런 관련도 없는 것처럼 행동한다.

국가에 대한 배타적인 의존 속에 우리 자신을 가둬버린다면, 우리는 모순에 빠져버릴 것이다. 국가는 반(反)자본주의적인가 아니면 기술관료주의적인가? 실업과 고용불안의 시기 동안, 국가에 의한 가장 중요한 개입은 가장 어려운 사람들을 도와주는 방향으로 나아가는가 아니면 국가기구의 구성원들을 강화시키는 방향으로 나아가는가? 만일 내가 믿고 있는 것처럼, 사회보장의 옹호와 생산영역의 강화를 동시에 희망하는 것이 모순이 아니라면, 이 두 가지 목표의 추구는 경제적 효율성도 사회정의도 개선시키지 못하는 국가의 수많은 개입들에 대한 비판적 회의를 전제로 하지 않겠는가?

모든 문제를 국가에 귀결시키는 이들—그것을 방어하기 위해서건 공격하기 위해서건—은, 다름아니라 세계대전 직후의 폐허 속에서 국가의 역할이 필수불가결하다고 생각했던 거의 모든 나라들이 채택했던 정부모델의 마지막 대변자들이다. 국가에 대한 가장 극단적인 비판과 그에 맞서는 가장 오만한 방어자 사이에는 거대한 시각의 공통점이 존재한다. 심지어 이들은 근대화와 개혁의 핵심적 대변자로서 국가가 담당했던 역할이 이미 오래 전에 경쟁경제와 사회운동—자본주의의 고유한 논리에 굴복하는 이들과 맞서 싸우면서 동시에 공권력의 지배로부터 자유로워지려고 노력하는 운동들—이라는 갈등적이고 역동적인 한 쌍으로 대체되었다는 것을 이해하지 못하는 점까지도 공유하고 있다.

국가에 대한 부단한 호소는 경제 행위자들을 두드러지게 약화시키며, 새로운 사회적 행위자의 형성을 더욱더 심각하게 가로막는다. 우리는 철도노조원들이 자신들의 기득권을 방어하려는 것을 이해할 수는 있다. 하지만 그들에게서 사회로부터 배제된 자들의 모습을 찾으려고 하는 것은 위험한 행동이다.

전후(戰後)의 사회적 갈등들은 무엇보다도 성장결실의 분배와 관련되어 있었다. 오늘날의 갈등은 서로 다른 두 가지 논리를 보여주고 있다. 하나는 사회의 이원화에 대한 저항이고, 또 하나는 훨씬 다문화(多文化)적일 뿐 아니라 특히 개인의 권리 확립이 재원의 공정한 분배 추구보다 점점 더 중요해지는 사회 속에서의 문화적 권리의 확립이다.

공화주의 정신은 오랫동안 문화적 권리의 요구, 소수와 차이의 옹호, 즉 문화영역에 인권을 적용하려는 시도들을 거부해 왔다. 그들은 하나의 프랑스, 분리될 수 없는 프랑스를 찬양했으며 이에 장애가 되는 다른 모든 특수성들을 파괴하는 데 주력했다. 이러한 행태는 적어도 그들의 엄격주의가 다양성을 좀더 많이 느낄 수 있는 실천들을 가까이하고 그 실천들에 대해 자신들을 개방할 때까지 지속되었다.

 어떻게 자유주의에서 벗어날 것인가

마찬가지로 공교육이 오랫동안 두 개의 구분된 과정 ——
보들로(Baudelot)와 에스타블레(Establet)의 표현을 빌리자
면 1차(직업과정)와 2차(고급과정) ——을 유지해 왔음에도 불
구하고, 프랑스공화국의 학교는 민중의 학교라고 떠벌려왔
다. 결국 외국인들에 대해 억압적인 기준들을 적용했던 것
은 바로 공화주의 계열의 장관들이었다. 사실 이 같은 공화
주의적 반동은 우파적인 것도 좌파적인 것도 아니며, 그것
은 아주 단순하게 과거를 향한 회귀를 의미한다.

평등의 이념은 그것이 불평등에 대해 능동적으로 반대하
고 있을 때만이 힘을 가질 수 있다. 이것은 공정성의 이념과
동일한 정의이다. 지난 수십 년 동안 공화주의 좌파는 공립
학교의 평등주의 정책을 찬양했다. 그러나 나빌(Naville)에
서 지로(Girod), 부르디외에서 부동(Boudon), 보들로와 에
스타블레에서 프로스트(Prost)에 이르는 프랑스 사회학자들
에 따르면 학교는 불평등을 완화시키기는커녕 오히려 전파
하는 역할을 담당해 왔으며, 최근에는 불평등을 더욱 심화
시키고 있을 뿐 아니라 이에 따르는 자신의 책임에 대한 학
교의 변명은 그 스스로 학생들간의 선천적 불평등을 존속시
키는 데 만족하고 있었다는 사실이 말해 주는 것처럼 모두
허위였다.

이러한 관찰은 '분배'의 정치 ——우리는 '긍정적 차별'이
라 부르며 미국인들은 '긍정의 행동'이라고 부르는 것, 좀

더 간단하게는 '공정성'이라 일컫는 것 —의 필요성을 인
정하는 것으로 나아간다. 유일 사상을 가진 이들은 이 단어
가 공화주의를 왜곡시킨다고 비난한다. 사회민주주의 전통
과 일정 정도 연관성을 가지고 있는 공정성의 통념에 중심
을 두고 있는 존 롤스(John Rawls)의 사상(자유와 평등의 대
립구도를 공정성 Equité 개념을 통해 극복하려는 시도—옮긴이)
에 오명(汚名)을 씌울 필요가 있을까? 육체적 혹은 정신적
으로 굉장히 힘든 직무를 수행하는 모든 부류의 노동자들
이 그러하듯이 광부들의 평균수명이 타직종 종사자들보다
더 짧은 것은 사실이지만, 그들의 퇴직연령을 평균보다 낮
추는 것은 잘못이 아니었을까?

　평등에 대한 지나치게 일반적인 호소가 현실의 불평등을
전혀 축소시키지 못했을 때, 분배의 기준들은 공정성을 중
심으로 설정되었다. 위험을 피해 프랑스로 망명해 온 외국
인들은 응당 환대받아야 하고 국적을 쉽게 취득할 수 있어
야 하며 심지어 적어도 프랑스에서 출생한 아이들은 자동
적으로 국적을 얻을 수 있어야 한다는 말은 정말 훌륭한 이
야기이다. 그러나 프랑스를 보편적 가치와 동일시하면서
자유의 나라라고 선언하는 이 고상한 담론은 동화(同化)에
대한 강요로, 다시 말해 다른 모든 정체성에 대한 거부로
귀착되어 버렸다. 좀더 난폭하게 표현한다면, 프랑스는 자
국 영토에 들어와 있는 외국인들을 점점 더 거부하고 있다.

대다수의 프랑스인들이 완전히 동화되어 버린 사람이 아니라면 다시 돌려보내야 한다고 생각하고 있다는 이유에서이다. 하지만 하나의 사회는 닫혀 있으면서도 개방되어 있는 전체여야 한다는 것을 우리는 잘 알고 있다.

프랑스의 현실적 삶은 다행히도 이러한 원칙적인 선언들의 테두리 밖에서 전개되었다. 이 선언들은 현재의 가장 중요한 요구를 수용할 준비가 안 되어 있으며, 동등하면서도 상이한 존재의 권리 — 여성은 이러한 권리를 요구하고 획득한 최초의 사람들이다 — 를 이해할 준비가 되어있지 않다. 오늘날과 같이 다양성과 단일성을 결합시켜야 하는 상황에서 그리고 다양성이 공적인 활동에까지 침식해 들어옴으로써 다양성을 더 이상 사적인 활동 속에만 가둬버리는 것이 불가능한 상황에서, 분할될 수 없는 단일한 공화국에 대한 호소는 과거에 대한 집착으로 특징지어지는 반(反)근대적인 미사여구처럼 들리고 있다.

프랑스는 유럽에서 유일하게 20여 년 전부터 위기를 느껴온 나라이다. 이 같은 위기감이 아무런 이유 없이 생겨난 것은 아니다. 프랑스는 새로운 생각, 새로운 경제전략 그리고 교육에 대한 새로운 요구에 대해 고민하는 것을 계속 회피해 왔기 때문이다. 이는 우리가 자유주의에 스스로 굴복해야 한다는 걸 이야기하는 것이 아니라, 모든 상황에서 '프랑스적 예외'를 고집하는 것이 불합리하다는 의미이다.

공화주의 정신은 약간 덜 극단적이긴 하지만 여전히 사회위기를 악화시키는 데 기여하기는 마찬가지인 또 다른 방식으로도 표명되고 있다. 그것은 가장 첨예한 갈등에서 벗어나기를 고집하며, 자유주의의 광란에 대해서도 그렇고 정치에 대한 과격하고 비판적인 행동에 대해서도 똑같이 거리를 유지하기를 끝까지 고집한다. 공화주의 정신은 이러한 모습을 모든 사람들 사이에서의 질서와 안전의 회복 그리고 법의 존중을 고심하는 완전한 중도주의와 동일시하고 있다. 그렇지만 명백하게 이것은 힘있는 자들보다는 힘없는 이들에 대해서 훨씬 더 구체적이고 억압적인 조처로 나타나고 있다. 이처럼 공화주의 정신은 사회적이고 문화적인 권리를 위한 투쟁에 무관심하거나 혹은 이런 투쟁을 경멸하는 오랜 전통——다시 말해 요구를 위한 운동들로 하여금 혁명적인 언어를 채택하게 만들고 심지어는 크건 작건 간에 그 스스로 혁명적인 정당들 속에 자리잡게 했던 그 전통——과 다시 관계를 맺고 있다.

오늘날 여론이 유일 사상에 대한 논쟁——이 사상에 찬성하는 논쟁이건 반대하는 논쟁이건 간에——에 염증을 내고 있다는 것을 우리는 잘 느끼고 있다. 이 같은 염증은 필연적인 귀결로서 구체적인 조치들, 아마도 부분적이긴 하겠지만 그 효과들은 가시적일 조치들에 대한 긍정적인 욕구를 불러일으킬 수도 있다. 그렇지만 이러한 염증은 사회적으로 가장 심각한 문제들을 고민하는 것에 대한 거부로 그리고 문명의 방어와 탈선에 맞서는 투쟁에 우선권을 부여하는 것에 대한 거부로 귀착될 수 있다.

공공질서와 권위와 안전의 회복을 우선적으로 생각하는 많은 이들에게 그 목표들은 반동적이거나 억압적인 어떠한 함의도 갖지 않는다. 그러나 여기서 '위험스러운 계급들'— 이들은 중간계급, 예전에는 부르주아지라 불렸던 그 계급에게 가장 위협적이다 —이라는 낡은 테마가 복귀하고 있다는 것을 어떻게 눈치채지 않을 수 있겠는가? 그리고 지난 세기에 위험스러운 계급들의 중요성을, 프롤레타리아의 행동과 하층 프롤레타리아의 폭력을 감소시켰던 것이 다름 아니라 노동운동의 형성이었음을 감안한다면, 오늘날 과거와 동일한 노선의 대응방식을 채택하는 것이 필요하지 않겠는가? 새로운 사회운동에 대한 인식과 형성이 부재하고 진지한 개혁이 존재하지 않는 속에서, 권위의 위기에 대한 장광설이라든가 값싼 쾌락에의 탐닉, 집단적 규율에 대한 거부 그리고 다양성에 대한 숭배는 도덕적 질서에 대한 강한 욕구를 유지하는 데 일조할 것이다. 그리고 이것은 빈곤과 차별, 사회적 무질서 등으로 낙인찍혀진 〔소외된 자들의〕 세계에서 위기와 더불어 나타나는 실제적인 요구들을 억압하거나 부정하는 방향으로 나아갈 수 있다.

교육의 문제와 관련하여 학교가 심각한 위기를 겪고 있

다는 사실을 받아들인다는 조건하에서, 공화국의 근본적 가치들 아래로 많은 지식인과 정치의원, 노조원 들을 소환하는 것은 더 큰 설득력을 가질 것이다. 물론 과거와 마찬가지로 오늘날 역시 학교가 사회적 불평등을 완화시키는 데 기여하지 못하고 또 불투명한 사회 속에서 가문이라는 배경이 학생들의 장래에 더 결정적이라는 것을 그들이 모르고 있지는 않지만….

메리외(Philippe Meirieu)는 고등학생들에 관한 보고서에서 그리고 자신의 보고서를 비난하는 사람들에 대한 답변에서 지식의 습득과 교육의 역할을 학생이 놓여 있는 사회적·개인적 조건들에 대한 고려와 분리시키는 것은 불가능하다고 이야기하고 있다. 이때 그는 완벽한 진실을 말하고 있다. 온건주의적인 실천의 정체가 폭로되었을 때, 누가 그와 함께 비(非)의사소통의 두 가지 형태—방임주의와 교육자를 교육이 아닌 지도를 강요하는 전문가의 위상 속에 가둬버리는 폐쇄주의—에 대해 비난하기를 거부하겠는가?

학교에 대한 반성과 제안들이 불러일으키는 격분, 더 나아가 분개는 항상 다음 두 가지 사실을 감안하지 않고 있다. 하나는 지식 그 자체가 보편적인 가치를 지니고 있는 것은 아니라는 점이고, 또 하나는 지식은 파편화된 사회나 세습적인 권력과 계급에 의해 지배받는 사회에서만 직접적인 구원자로서의 효력을 가지고 있었다는 점이다. 직업적인 성공에 대한 열망과 불안이 그토록 중요한 역할을 하고 있는 우리 사회 속에서 이 같은 〔직업적 성공이라는〕 동기와 더불어 지식의 습득과정, 즉 노력의 과정에 따르는 구속과 억압이 고려되지 않는다면 배움에 대한 의지는 쇠퇴해 버릴 것이다. 과학에 대한 신뢰를 공화주의 국가건설과 결부시키며 사회를 통제하는 세력은 이미 분쇄되어 버렸다. 그러나 교육적 의사소통을, 따라서 아이들을 가르침의 중심에 놓지 않는다면 아직까지도 그토록 고귀하게 남아 있는 그들의 목표가 타격을 받는 일은 결코 없을 것이다.

나는 오를레앙-투르 아카데미가 주최한 모임에 참석한 적이 있었다. 그곳에서는 교사와 고등학생, 학부모 대표, 교원노조원과 의원 들이 함께 모여 메리외와 그의 위원회 멤버들이 수행한 조사결과들을 놓고 토론하였다. 이 모임에 참석한 사람들 가운데 고등학생들의 의견의 주종을 이루는 두 가지 논점에 대해 반박하는 이는 아무도 없었다. 학생들은 개인적인 자율의 확대와 교사들과의 더 활발한 의사소통을 요구하였다. 이들의 요구가 지식의 습득이나 그 과정에서 요구되는 규율과 대립한다고 어떻게 단언할 수 있겠는가?

사실 아이들을 학교 시스템의 중심에 놓는다고 눈살을 찌푸리는 이들은 현실적인 불안감 — 즉 이제까지 유지해 온 학교 시스템의 혼란과 더 나아가서는 붕괴에 대한 불안감 혹은 문화적 변동들과 함께 지금 겪고 있는 사회위기에 직면하여 우리가 구상하고 있는 이미지에 대한 불안감 —을 표시하면서, 한편으로는 방임주의가 또 한편으로는 공동체주의가 불러일으킬지도 모르는 해체상황 속으로 몰락해 버릴까 봐 두려움에 동요하며 낡은 모델의 이상적인 이미지에 집착하려 한다.

그렇지만 왜 이런 비관주의에 빠지는가? 파국을 떠올릴 필요는 없다. 시장세력과 관료주의적 국가세력 앞에서 우리가 무기력하다고 생각할 필요도 없다. 오히려 그 반대이다. 다른 곳에서와 마찬가지로 교육의 영역에서도 중요한 것은 개인과 그룹을 단지 얽매이고 조작된 희생자가 아니라 가능성 있는 행위자로 간주하는 일이라고 단언할 필요가 있다. 바로 이 같은 확신을 공유할 때 비로소 서로 대립될 이유가 전혀 없는 세 가지 목표를 구현할 수 있는 개혁, 즉 불평등을 진정으로 완화시키고 배제를 없애고 각각의 창의력을 증대시킬 수 있는 개혁의 이행이 가능해질 것이다.

아래를 향하여

전지구화는 지배세력의 보다 고효율의 의사소통 체계를 위한 이데올로기이며 모든 주체성과 사회적 보호와 집단기억과 사적인 계획을 파괴하는 이데올로기이기 때문에, 이 이

 어떻게 자유주의에서 벗어날 것인가

데올로기로부터의 구원은 지배당하는 이들과 그들의 지지 속에서 나와야 한다.

주인과 노예의 관계를 이해하고 그것을 변화시킬 수 있는 것은 주인이 아니라 오직 노예 그 자신일 뿐이라는 생각은 헤겔의 시대와 마찬가지로 오늘날에도 역시 사실이다. 지금 필요한 것은 정치개혁을 이룰 수 있는 새로운 사회운동이 형성되는 것이다. 또한 지배당하는 이들은 스스로 지켜야 할 자신들의 정체성을 가지고 있어야 하며 동시에 바로 이들이 사회 전체의 이름으로 이야기해야 하고 평등과 노동권리의 수호자가 되어야 하며 또 스스로를 그렇게 바라보는 것이 필요하다.

이제까지 박탈당한 것에 의해서만 자신이 정의되는 이들이 스스로를 위한 해방과정의 주역이었던 적은 결코 없었다. 이들의 반역은 기껏해야 지배체제의 모순을 드러낼 뿐이었고, 이들의 봉기와 비참함은 새로운 정치엘리트와 지식인 들이 새로운 권력 —즉 자신들이 보다 이성적이고 보다 민족적 혹은 보다 신의 의지에 적합하다고 정의한 그런 권력 —을 구축하는 데 이용되었을 뿐이다. 이렇게 지배당하고 착취당하는 인민의 이름으로 폭력적인 탈취과정을 통해 탄생한 권력은 전체주의적으로 되어갔다. 그들이 정복한 국가는 사회와 인민에게 침묵을 강요했고, 이러한 강요는 그들이 선언했던 인민의 적들에 대한 전쟁이라는 미명 아래 이루어졌다. 하지만 그 전쟁은 인민에 대한 절대적 권력을 거부하는 이들에 대한 전쟁이었다.

지배당하는 이들, 착취당하는 이들, 배제당한 이들의 재난이 역사의 장면에 등장할 때마다 역사는 이들에게 재난을 강요하는 정치세력·이데올로기의 난립과 사회운동의 형성 사이에서 동요했다. 이 두 과정을 구분하는 것은 무엇인가? 사회운동의 형성과정에서 지배당하는 이들은 사회 전체가 정당한 것으로 인정하는 실제적인 이익들을 옹호한다. 노동운동을 만들어내고 사회적 권리들의 이념이 인정받도록 만든 것은 프롤레타리아, 건축현장의 노동자나 섬유공장의 여성들이 아니었다. 다름아니라 이윤의 논리에 의해 부과되는 생산기준을 복종할 것을 강요하는 데 맞서서 지켜야 할 직업을 가지고 있는 사람들이었다. 프란츠 파농(F. Fanon)이 생각했던 것처럼, 민족해방운동을 이끈 주역 역시 식민지배에서 가장 멀리 떨어진 식민지인들, 다른 문화에 이미 확고하게 적응한 사람들이 아니었다. 다름아니라 교육을 받은 사람들, 자신들의 권리에 대해 자각하고 있는 사람들이었다.

오늘날 지배당하는 이들이 새로운 사회운동을 구성하지 못할 위험이 크다. 왜냐하면 그들은 배제, 노동의 상실 등에 의해서 정의되기 때문이다. 따라서 우리에게 중요한 문제는 다음과 같은 것이며, 이는 앞으로도 오랫동안 중요할

어떻게 자유주의에서 벗어날 것인가

것이다. 어떻게 배제에서 항의로, 고립에서 모두가 승인하는 권리들에 대한 호소로, 간헐적인 반역에서 연속적인 정치행동으로 나아갈 것인가?

이 같은 전환, 새로운 사회운동의 출현은 우리의 눈앞에서 이루어지고 있다. 이에 관해서는 이 책 제3장에서 집중적으로 다루어질 것이다. 그러나 해방을 위한 행동에 도달하기 위해서는 많은 장애물을 뛰어넘어야 한다. 특히 우리가 이미 언급한 바 있는, 과거를 바라보고 있는 이들——배제와 빈곤의 증가, 민족주의의 부상과 마찬가지로, 경제의 세계화가 자신들이 공화국이라 부르는 것을 위협하고 있는 세상에서 국가 프티부르주아의 이해와 가치를 어떠한 대가를 치르고서라도 방어하려는 이들——로부터 벗어나야 한다.

이제 형성중에 있는 운동들을 파괴하려는, 따라서 민주주의 그 자체를 파괴하려는 위험을 지적해야 할 때이다. 그것은 인민주의이다. 역사의 많은 순간과 많은 국가에서, 인민주의는 모든 대의 제도와 체제 그리고 모든 자유로운 사상의 노력에 대한 거부를 의미했다. '인민주의적'이란 말은 인민의 힘에 대한 주술적인 호소이다. 그렇지만 사실 인민주의자들의 관심사는 절대적인 지배체제를 갖추면서 인민들의 힘을 침묵시키는 것이다. "인민을 자신들의 이익을 위해서 이용하는 이들을 막아주고 또 인민이 자신의 정체성과 자신의 힘에 대한 자각을 되찾도록 도와줄 수 있는 지도자—개인이건 집단이건—가 인민들에게는 필요하다." 바로 이것이 인민주의자들의 기도문이다.

인민주의는 좌파도 우파도 아니다. 왜냐하면 그것은 정치적 대의제의 범주들 외곽에 위치해 있기 때문이다. 인민주의가 우파 너머에서 가장 뚜렷하게 보여지고 있는 것과 마찬가지로, 우리는 또한 좌파 너머에서도 그것을 인지할 수 있다. 인민주의는 우파의 우파에서와 마찬가지로 좌파의 좌파에서 존재하고 있다. 현재 프랑스에서 민족전선은 인민주의의 가장 조직화된 형태이다. 처음에 민족전선은 파시스트 그룹과 전통주의적 기독교인과 푸자드주의자(poujadiste, 1954년 소매상 출신 Poujade가 결성한 우익정당으로, 자영업자들의 이해관계를 대변하는 정파이나, 실제로는 배타적으로 자신의 이해만을 주장하는 편협한 사람을 지칭—옮긴이)들에 의해 조직되었지만, 한편으로는 산업사회 인민계층들의 절망과 불안에서 또 한편으로는 의회 내 우파의 위기—이들은 드골주의에서 물려받은 사회민족주의에 대한 의존과 자유주의적 경제정책의 시도 사이에서 동요하면서 스스로 몰락해 버렸다—에서 그 자양분을 공급받으며 성장했다. 민족전선은 사회를 전복시키는 변화들에 대한 관리 프로그램보다는 거부·거절·배제를 표명하고 있다.

세계화뿐만이 아니라 좌파연합과도 대립하고 있는 극좌파(ultra-gauche)의 경우, 인민주의의 또 다른 형태이다. 그

 어떻게 자유주의에서 벗어날 것인가

들은 지배자들에 대해 공격적이지만 지배당하는 이들의 자율적 행동에 대해서도 호의적이지 않다. 그들은 대의제도를 믿지 않는 대신 폭력이 필연적이라고 믿는다. 2, 30년대의 파시즘 부상을 막기 위해 사회주의자들과 연합했어야 했음에도 불구하고 그들을 '사회주의적 배신자'라고 비난하면서 그들과 투쟁하는 데 시간을 허비했던 지난날의 공산주의자들이 그랬던 것처럼, 극좌파들은 새로운 운동의 중요성을 확신하는 지식인들을 주저 없이 공격하고 있다.

지배당하는 이들을 단순히 그들이 박탈당한 정체성으로만 정의할 때, 이들의 행동능력은 취약해진다. 그것은 지배당하는 혹은 배제된 계층들의 개입능력 확대를 주요 목적으로 하는 행동들과는 전혀 동떨어진 군소 인민주의의 증식으로 나아가게 된다. 이러한 폭로의 정치, 거부의 정치가 종종 새로운 행위자들의 형성보다 우위를 차지하고 있다.

하나의 예를 회상해 보자(자세한 내용은 제3장에서 다시 다룰 것이다). 동성애자들을 관습 변화의 주체로 만드는 데 성공한 조직은 에데(Aides)였지만, 대외적으로 더 유명해진 것은 폭로와 고발로 점철하고 있던 악트 업(Act up)이었다. 아직 조급한 결론을 내리지는 말자. 에데는 온건하고 악트 업은 급진적이라고 말하는 것은 아무런 의미를 갖지 못한다. 이 두 조직은 서로 다른 방향을 지향하고 있기 때문이다. 악트 업은 절대적인 거부를, 에데는 공공 의식의 각성, 법과 관습의 변화를 지향하고 있다. 악트 업의 목소리가 더 크게 울려퍼졌다 할지라도, 더 구체적인 성과를 남긴 것은 에데의 활동이었다. 왜냐하면 여론은 더 이상 '변태들'을 힐난하지 않았고 동성애자들의 자유롭게 살 수 있는 권리를 인정했기 때문이다.

해방을 위한 노력이었다는 불안정한 합의 속에서 기억하고 있는 68년 5월을 어떻게 생각하지 않을 수 있을까? 68년 5월의 가장 중요한 행위자는 다름아니라 다니엘 콘-뱅디(Daniel Cohn-Bendit)로 대표되는 반(反)권위주의 운동이었다는 것을 인정하는 데 사실상 30년의 세월이 필요했다. 68년 당시와 그 이후 수십 년 동안, 학생과 대중운동의 주요한 측면은 마오주의자와 트로츠키주의자들의 노동자주의적 혁명주의로 간주되었다. 이 같은 역사에 대한 오역은 사회보다는 국가에, 노조운동보다는 정치행위에, 다양성들에 대한 승인보다는 통일에 대한 호소에 항상 더 많은 관심을 쏟고 있던 나라에서 혁명주의 이데올로기가 가지고 있던 가시적인 힘에서 비롯된 것이었다.

오늘날 68년 당시의 과격파들이 다시 등장하고 몇몇 베테랑들은 외형적으로 변신을 꾀하고 있다. 그럼에도 불구하고 그들 가운데 가장 유명한 인물인 알랭 크리빈(Alain Krivine)(1968년 파리 낭테르 대학 사회학과에 재학하던 독일인 학생으로 68운동을 주도한 대표적 학생운동가—옮긴이)이

 어떻게 자유주의에서 벗어날 것인가

통찰력과 신중함을 보여주고 있음을 주목하자. 직접적인 행동, 모든 형태의 대의제에 대한 거부, 대중매체의 정치와 지식인들에 대한 비판, 이러한 인민주의의 항구적인 구성 요소들이 오늘날 다시 나타나고 있으며, 모든 이들에게 인정되어야 하는 권리들의 보편주의적인 옹호를 뒷받침하는 사회운동들의 물질적으로나 정치적으로 매우 중요한 형성을 위협하고 있다.

상 파피에들(sans-papiers)의 운동(프랑스 영내에서 정식 체류허가를 받지 못한 사람들의 신분합법화 운동—옮긴이)은 우리의 주목을 끌기에 충분한 가치를 지니고 있다. 왜냐하면 이 운동은 우리들 가운데 많은 이들로부터, 경찰에 추적당하다가 끝내는 교회로 몸을 피한 이 배제된 사람들의 행동이 우리 모두의 근본적인 권리들을 옹호하고 있는 것이라는 확신을 끌어낼 수 있었기 때문이다. 드브레 법 제1조(프랑스에 불법으로 체류하고 있는 외국인들을 체포하여 본국에 강제소환하는 것을 골자로 하는 법령—옮긴이)를 거부하는 것이 이슈로 떠올랐을 때 그들에 대한 동조는 최고조에 달했다. 그것은 모든 것을 박탈당함으로써 아무런 권리도 가지고 있지 않던 사람들, 따라서 노동을 할 수도, 사회보장을 누릴 수도 없던 사람들의 행동을 통해 프랑스인들 역시 드브레 법이 바로 자신들에게 가하는 위협을 느낄 수 있었기 때문이었다.

이와 관련한 하나의 에피소드가 있다. '배제'라는 단어의 몇 가지 용법에 대해 로베르 카스텔(Robert Castel)이 했던 비판의 타당성에도 불구하고, 배제를 그리고 배제에 반대하는 투쟁을 이야기하는 것이 반드시 필요하다고 생각된다. 내가 이 단어를 사용하는 것은, 사실 이 단어가 배제하는 행위와 관계되기 때문이다. 반면 소외는 하나의 상황을 지칭할 뿐이다. 배제를 이야기하는 것, 그것은 이미 적수를 지정하는 것 혹은 최소한 찾는 것이며, 따라서 배제에 반대하는 투쟁에 참여하는 것이다. 이런 의미로 이 단어는 사용되었다. 이 단어는 항의와 분노를 담고 있다. 이는 '불의(不義)'라는 단어의 용법과 마찬가지이다. 정의를 요구하는 것, 그것은 희생자들에게 부당하게 피해를 입힌 사람들을 고발하는 것이다. 그리고 그 희생자들은 이 단어를 사용함으로써 이미 하나의 행위자가 된다. 배제에 반대하는 것, 그것 역시 시민의 권리, 즉 정치적·경제적 혹은 문화적 생활에 참여할 권리를 주장하는 것이다. 따라서 이 단어는 내가 지금 방어하고 있는 조망 속에서 자신의 본래 위치를 찾는다.

영화배우와 예술가와 지식인 들의 지지 성명서들과 더불어 민주적인 행동들에 의해 뒷받침되었던 이 기층운동의 힘은 급진적인 거부의 인민주의적 이데올로기와 전체의 권리에 대한 옹호 간의 근본적인 대립을 잠시 은폐시킬 수 있었다. 그러나 지금 우리는 인민주의에 물들어 있고 어떠한 분석도 없이 폭로로만 가득 차 있는 담론과 글이 난무하고 있는 것을 볼 수 있다. 사실 경제상황에 대한 분석보다는 지식인이나 기자들에 대한 공격이 훨씬 더 쉬운 일이다. 일찍이 비비안 포레스테(Viviane Forrester)의 『경제적 공포』가 세계경제의 기능을 공격하고 더 이상 유지될 수 없는 상황들을 고발하면서도 어떠한 분석도 대안도 제시하지 않고 많은 독자를 확보한 적이 있었다.

70년대 초와 마찬가지로 오늘날 역시 이러한 인민주의로 인해 발생할 수 있는 최악의 사태를 막는 것은 정치적 좌파의 대응능력이다. 과거에 우리는 이들의 공동 프로그램을 통해 독일과 특히 이탈리아를 뒤흔들었던 인민주의의 극단적 형태인 테러리즘을 피할 수 있었고, 오늘날에는 전적으로 인민주의적인 극좌파 정치운동이 현재 형성중에 있는 사회운동들로부터 출발하여 스스로 구조화되는 것을 좌파 연합의 형성이 막고 있는 상황이다.

도덕적 의식의 동원에 근거하고 있는 상 파피에 운동보다는 무주거자 운동과 실업자 운동에서 나타나는 인민주의의 위험이 더 심각하다. 빈 건물을 점거함으로써 주거 위기를 해결할 수 있는가? 분명 그렇지 않으며, 아무도 그렇게 주장하지 않는다. 그러나 어떤 이들은 폭로의 가시적인 효과를 통해 문제를 해결할 수 있다는 생각을 가지고 있다. 실업의 문제는 훨씬 더 어려운 상황에 놓여 있다. 실업은

세계경제와 관련된 변화의 산물인 동시에, 국가경영·교
육·자원분배에 대한 프랑스 정책들의 부적절함의 산물이
기 때문이다. 따라서 모리스 파가(Maurice Pagat)의 주도하
에서, 아세딕(Assedic, 상공업고용협회)의 점거는 중요한
효과를 가질 수 있었다. 하지만 인민주의적인 성향이 강했
던 고등사범학교의 점거에서처럼 가시적인 효과만 노리는
특정 행동은 실천적인 고민에 의해 이끌어진 것이 결코 아
니었다.

그 반면, 고등학생들의 강력한 지지를 받고 있던 센-생-
드니 지역 교사들과 학부모들의 운동은 인민주의적인 탈선
을 보이지 않았다. 그것은 평등에 대한 요구였다. 빈촌보다
는 부촌의 아이들을 위해 더 많은 예산을 지출하고 있는 국
가(이는 분명한 사실이다)에 맞서서, 이 운동은 생-드니의
시장 브라우제(M. Braouezec)와 주목할 만한 몇몇 공산주
의 의원들의 후원을 받아 덜 가진 사람들에게 더 많은 것을
주기 위한 긍정적 차별 —— 이는 인민주의와는 대립되는 공
정성의 추구이다 —— 의 필요성을 주장하였다. 1998년 가을,
이 운동에 참가한 고등학생들은 특히 최빈곤층 속에 만연
해 있는 무질서에 반대하여 항의하였다.

인민주의(극우파와 마찬가지로 극좌파의 인민주의)는 일
반적으로 우리가 생각하는 것보다 더 불안정하다. 그런데
이 인민주의의 상이한 변형들이 궁극적으로 사회운동의 형

 어떻게 자유주의에서 벗어날 것인가

성으로, 정치적 활력을 불러일으키는 쪽으로 나아가게 될 것이라고 단언하면서, 낙관적인 결론을 내려야 하는가? 사실, 나는 그렇다고 생각한다.

주요한 위험은 명백하게 극우파에서 나오지만, 민족전선은 그 정치적 무능력함 때문에 당원들의 요구를 감당하지 못함으로 해서 결국 붕괴를 자초하게 될 것이라고 기대할 수 있다. 극좌파의 경우, 이를 둘러싼 계층들이 미약하고 분산되어 있는 만큼 예측하기가 더 어렵다. 만일 프랑스의 정치적 좌파가, 세계를 향한 경제의 개방이 우리를 정치적으로 무기력하게 만드는 것은 아니며 오직 우리의 정치적 의지가 무기력할 때만이 세계화는 배제를 확대·심화시킨다는 점을 입증한다면, 70년대 중반 이래로 극단적으로 무질서한 정치행동 속에서 등장하기 시작한 인민주의적 유혹들은 스스로 약화될 것이다.

국가의 전통적인 행동방식에 강한 충격을 가하게 될 단일통화의 탄생이 실현되는 순간, 정치의 무기력함에 대한 사고는 일부 사람들 속에서 자연스럽게 확장되어 나갈 것이다. 진행중인 변화를 거부하고 그 변화를 주도하는 사람들을 비난하고 절망과 자기모멸을 감수하지 않는 지식인들을 경멸하는 방식으로 해결책을 찾고 있는 사람들뿐 아니라 드골주의자와 공산주의자들의 주의주의의 부활 가능성을 믿고 있는 사람들 사이에서도, 이와 같은 모습은 나타날 것이다. 하지만 인민주의 내부의 활력은 자기 나름대로의 방식으로 시대의 변화 — 즉 효력이 떨어지고 부정적으로 되어버린 공적 개입들의 청산, 새로운 사회적 행위자의 형성과 사회적 통합, 경제적 근대화, 문화적 권리의 존중을 요구하는 행동들에 다시금 활력을 불어넣는 새로운 정치전략의 형성으로 특징지어지는 변화들 — 를 수용할 것이다.

위를 향하여

우리는 우리 사회의 새로운 기술적 도약을 긍정적으로 받아들일 수밖에 없다. 설령 과학의 오용(誤用)이 낳는 위험성 — 특히 생물학과 같은 경우 — 을 평가하는 것이 정당하다 할지라도, 과학연구에 대한 신뢰의 상실말고는 증명할 수 있는 것이 전혀 없을 게 현실이다. 우리는 텔레비전에 가해지는 강한 비판들을 들어왔지만, 내가 보기에 지식인들 — 종교인이건 그렇지 않건 간에 — 이 정보를 독점해야 한다고 생각하는 사람은 아무도 없는 것 같다. 또 우리는 학교가 불평등을 완화시키기보다는 오히려 확대시키고 있다는 것을 알고 있지만, 누가 감히 교육수준의 일반적인 향상을 부정하겠는가?

몇 해 전까지만 해도, 이 같은 미래의 수용과 과거로부터 물려받은 모델의 포기는 확정적인 것이 아니었다. 당시 부득이한 몇 가지 것들의 옹호는 필수적이었다. 그러나 오늘 날에 와서, 근대성에 대해 순진할 정도로 전폭적인 신뢰만 나타내면서 그 내부에서 전개되고 있는 다양한 형태의 권력과 갈등은 신중하게 고려하지 않는 자세를 비판하는 것은 더욱 중요한 일이 되었다. 만일 과거와 단절해야 한다면, 기술혁신과 세계 차원에서의 경제적 교환의 가속화가 이번에는 세계적인 차원 — 본질적으로 국가를 넘어서는 경제적 교환과 그 조직망의 특성에 국가적 단위는 이제 더 이상 들어맞지 않는다고 사람들은 앞다투어 이야기하고 있다 — 에서 그 스스로 새로운 민주주의를 만들어낼 것이라는 생각 역시 버려야 한다.

유럽적 사회모델을 건설한다는 생각은 자크 들로(Jacaues Delors)에 대한 신뢰를 바탕으로 하고 있다. 하지만 불행하게도 우리는 처음부터 이 주제와 관련된 들로의 공식 보고서는 제출되지도 않았거니와, 유럽에 대한 논의는 거의 배타적으로 통화와 금융에 집중되어 있었다는 것을 잘 알고 있다. 프랑스 정부가 유럽의 진정한 경제적 정부의 구성을 역설했었고 최근에는 유럽중앙은행 총재가 국가 중앙은행의 장들에 의해 지명되는 데 대해 정당하게 반대한 것은 사실이다.

그러나 유럽 건설의 핵심은 자본의 자유로운 순환을 위한 것이라는 점, 유럽 차원에서 노조의 통합은 커다란 진전이 없다는 점 그리고 유럽연합 내에서 유럽의회의 역할은 국가 내에서 의회의 역할과 거리가 멀다는 점 등에 있음을 어떻게 눈여겨보지 않을 수 있겠는가? 공화주의와 인민주의가 그러하듯이, 세계화주의는 우리가 겪고 있는 새로운 사회의 소아병 가운데 하나이다. 그리고 민주주의의 쇄신 면에서 볼 때, 확실히 세계화주의는 공화주의나 인민주의보다 더 위험스럽다. 왜냐하면 세계화주의는 명백하게 지배적인 경제세력(특히 금융세력)에 봉사하고 있기 때문이다.

미래사회에서, 민주주의적 활동이 가설(假說)적인 세계사회 구성의 자양분이 되지는 않을 것이다. 반대로 그것은 국가제도들과 연결된 채 남아 있을 것이며, 지역 단위의 목표 속에서 형성되는 연합체들을 통하여 지역 차원에서 강화될 것이다. 우리는 이미 공적 활동의 부활을 목격하고 있는데, 만일 이것이 인민주의의 유혹에 굴복하지 않는다면 발전의 직접적인 요인들의 역할이 증대되는 것과 마찬가지의 중요성을 갖게 될 것이다. 특히 정부가 더 많은 재원을 사회보장의 개선과 병원 및 학교의 근대화를 위한 새로운 노력에 투자할 수 있도록 성장이 뒷받침해 준다면, 나의 예상은 현실에 더 가까워질 것이다.

위를 향하여 현실의 어려움에서 벗어나기를 주장하는 것은 환상을 불러일으킨다. 우리는 사회문제들을 해결하는 경제적 역량 혹은 기술의 발달이 나타나기만을 기다릴 수는 없을 것이다. 더욱이 전체의 조건을 개선하기 위해서는 경제적 진보에 필요한 것은 오직 자유와 유연성뿐이라고 떠들어댄다면, 문제는 심지어 해결 불가능한 상태에 빠지게 될 것이다.

나는 여기서 근대화주의의 환상에 대해서는 다루지 않을 것이다. 이미 근대화주의는 그 기운을 상당 부분 잃어버렸다. 더구나 이것은 아주 제한된 상황, 사회학적 허구에 의해 좌지우지되었던 그런 위기에 대중여론이 지나치게 몰두해 있던 상황에서만 주의를 끌었을 뿐이다. 이 때문에, 오늘날 우리는 근대화에 대해 총체적으로 지나치게 부정적인 비난을 퍼붓고 있다. 그러나 기술적 · 경제적 변화가 저절로 풍요와 자유와 행복을 가져다 줄 것이라는 사고의 허구성을 드러내지 않는 한, 이러한 비난을 비판하기는 어려울 것이다.

가능성을 향하여

유럽의 화폐통합이 참여국가들의 경제적 · 사회적 문제들을 해결하지는 못하겠지만, 케케묵은 토론은 종식시킬 것이다. 이것은 과거로 통하는 문을 닫아버리고 미래를 생각하고 조직하도록, 다시 말해 빛나는 미래를 꿈꾸는 것이 아니라 우리의 정치적 · 사회적 활동을 재조직하는 방향으로 우리를 이끌 것이다.

우리를 위협하고 있는 세 가지 위험 ─ 공화국주의, 인민주의 그리고 세계화주의 ─ 은 서로 너무나 다르기 때문에, 그것들이 통합되어 프랑스인들을 또 다른 정치로 인도하는 일은 다행히 없을 것이다. 공화주의자와 인민주의자들이 자신들의 필요에 따라 (예를 들어) 마스트리히트 조약에 반대하여 연합한 적은 있었다. 하지만 경제 자유주의가 사회문제를 해결할 것이라고 생각하는 이들과 어떤 대가를 치르고서라도 경제를 국가 ─ 여기서 국가는 현명한 전제군주 혹은 공화주의적 군주제로 이해되고 있다 ─ 에 복속시키기를 바라는 이들 간에 그 어떤 지속적인 합의도 도출될 수 없다는 사실은 그들도 잘 알고 있었다. 그럼에도 불구하고 형성중에 있는 사회운동의 관점에서 바라본다면, 이 세 가지 유혹이 공통적으로 사회적 행위자들을 무력화시키고 이들의 목표를 방해하고 있다는 것은 명백하다.

우리는 자유주의적 이행에서 벗어나야 하며, 이미 어느 정도 그 탈피의 과정 속에 들어와 있다. 그러나 이 탈피는 과거를 향하는 것도, 미래를 향하는 것도, 위를 향하는 것도 아닐 것이다. 탈피는 앞을 보고 나아갈 때만이, 무엇보다도 새로운 사회운동들의 형성을 통해 우리의 정치적 행동능력을 재건하는 길을 향해 나아갈 때만이 진정으로 가능해질 것이다.

프랑스는 파국에서 이제 막 빠져나온 상황이다. 우리를 소용돌이의 한복판으로까지 몰고 갔던 것은 프랑스의 경제상태도, 사회보험의 위기도, 퇴직연금구조의 위기도 아니었다. 그것은 대중여론이 제 발로 빠져들어 갔던 함정이었다. 20여 년 전부터, 상당수의 프랑스인들은 사회보장 정책과 세계경제 구조가 양립될 수 없다고 확신해 왔었다. 어떤 이들은 그 이유가 불가피하게 고용 · 사회보험 · 임금수준 등을 축소시킬 수밖에 없는 세계화 속에서의 경제운영에 있다고 생각했고, 또 어떤 이들은 조합이기주의와 관료주의와 재정적자 등을 해결하기 위해서는 시장의 규제를 감수할 수밖에 없기 때문이라고 생각했다.

경제적 요구와 사회적 목표 간에 극복할 수 없는 모순이 존재한다는 관념이 지배적이었을 동안, 프랑스는 덜거덕거리며 파국을 향해 나아갈 수밖에 없었다. 정체와 실업, 정부 프로그램의 취약함, 이 모든 것이 갈수록 가속도를 받으며 1991~95년 그리고 1997년까지 우리의 행동능력을 박탈해 나갔다. 1995년의 대위기를 시작으로 해서 1997년 우파의 무자비한 패배에 이르기까지, 프랑스는 도저히 어떻게 할 수 없는 상황에 빠진 것처럼 보였고, 유럽 단일통화의 창설이 불가피해 보일 정도로 비관주의가 팽배해 있었다.

이 시기는 이제 지나갔다. 그것은 마침내 효율적인 조처들이 취해졌기 때문은 아니다. 단순히 국제적인 경제정세가

개선되었기 때문만도 아니다(프랑스는 아직도 아시아와 러
시아에서 밀어닥친 위기의 영향을 그렇게 심각하게 받지는
않고 있으며, 국내 소비와 투자는 확대된 상황이다). 그것은
결국 정부가 사회진보와 경제적 현실주의는 양립할 수 없는
것이 아니라 함께 나아갈 수 있고 또 그렇게 되어야 한다고
과감하게 단언했기 때문이다. 나아가 그 이후에 프랑스가
이 양자의 결합이 가능하다는 것을 몇 년 전부터 성공적으
로 보여준 유럽 국가들의 그룹에 동참했기 때문이다.

　정부 출범 첫해 동안, 조스팽 총리와 오브리(Matine
Aubry) 노동장관과 스트로스-칸(Dominique Strauss-Kahn)
재무장관은 프랑스를 곤경에서 벗어나게 하겠다는 자신들
의 의지를 확고히 했다. 자신들의 성공과 대중적 인기에 고
무되었던 이 시기가 끝나자, 조스팽 총리는 사회보장 시스
템의 파괴를 거부하면서 세계경제 체제에 적극적으로 참여
하겠다는 의지 ― 즉 사회적 목표와 경제적 수단의 결합 의
도에 대한 공개적인 정식화 ― 를 좀더 선언적인 방식으로
표명하였다. 정부가 취약해 보일 때, 정부는 비판받을 수 있
으며 또 비판받아야 한다. 물론 그렇다고 해서 정부가 가능
성의 공간을 재창출한 것을 무시할 수는 없다.

　그러나 이것은 여론의 대다수가, 미래는 개방되어 있고
우리는 피할 수 없는 나락으로 끌려 들어가 버리지는 않았
으며 그리고 우리는 새로운 사회적 행위자들의 형성에 효

과적으로 참여할 수 있다는 것을 인정한다는 조건하에서만 가능한 일이다. 현정부는 우리를 무력하게 만들었던 모순과 격변들로부터 우리를 구해 내면서, 사회적 갈등 속에서 그리고 사회적 행위자들과의 관계 속에서 도출된 분석들에 다시금 의미를 부여하는 데 이미 공헌했다. 하지만 현정부의 이러한 선택은 우리의 목을 조르던 난제들을 해결하는 대신, 새롭게 형성되고 있는 사회운동들에 대해 유보적이고 심지어는 적대적 태도를 취하기 위해 필요했던 것이다.

오늘날 이 같은 적대는 중단되어야 하며, 권리를 옹호하기 위해 제기된 요구들은 수용되어야 한다. 그러나 또한 사회운동들이 특정 정당의 '토대'로 이용되는 일 없이 그들 스스로 움직여야 한다는 것만큼이나, 그들에 대한 정부측의 저항 역시 우리는 기억하고 있어야 한다.

3

새로운 사회운동들

3. 새로운 사회운동들

최근 상황에 대한 잘못된 해석

1995년 12월 대파업 이후 3년이 지난 지금, 이 사건을 명확하게 분석하지 않고는 사회운동들 — 옛날 형태이든, 새로운 형태이든 간에 — 에 대해 고찰하는 것이 불가능하게 되어버렸다. 그 이유는 이 파업이 아주 커다란 중요성을 갖기 때문만이 아니라, 비어 있던 공간 속에서 빠르게 확장된 하나의 이데올로기 건설의 출발점이 되었기 때문이다. 더구나 이 시기가 이미 오래 전부터 형성되고 있던 사회운동들이 그 실체를 갖추기 시작하던 때였던 만큼, 이 같은 이데올로기의 등장은 의외였고 유감스러운 일이었다. 따라서 내가 공격하고자 하는 잘못된 해석은 두 가지이다. 하나는 1995년 파업의 본성에 대한 오해이고, 또 하나는 형성중에 있는 현 사회운동들의 새로움을 인식하지 못하고 있는 무능력함이다.

1995년 12월 파업에 대한 대중여론의 전폭적인 지지 속에서 계급투쟁의 부활과 심지어 노동조합의 투쟁성 부활의 징후를 목도한 사람들은 자신들의 욕망이 머지않아 실현되리라고 생각했다. 실업과 고용불안으로 고통받던 성난 대중여론이 자신들의 불만을 표출하기 위해 이 시대의 모든 파업과 특히 1995년 12월 파업을 가장 강력하게 지지했던 것은 사실이다. 하지만 12월 파업은 그루(Guy Groux)가 사회적 블록이라 불렀던 것, 다시 말해 사회적 관계 그중에서도 특히 노동에 대한 국가 관리모델의 한계와 붕괴를 드러냈다는 데 그 진정한 의미가 있을 뿐이다. 전형적인 프랑스식이라고 할 수 있는 이 관리모델은 프랑스 노조들의 예외적인 취약함의 원인이었다. 봉급생활자들의 경제적 상황이나 협상의 능력은 현실적으로 고려되지 않은 채, 국가는 항상 사회진보에 대한 최상의 보증으로 여겨졌으며, 따라서 스스로 거대해져야 했고 사실상 거대해져 왔다. 사회세력이나 경제세력에 대한 정치세력의 승리, 무엇보다도 국가의 승리를 항상 가능하게 했던 이 모델은 이미 오래 전부터 그 능력을 상실하고 있었다. 사실 경제를 움직이는 것은

더 이상 국가가 아니다. 대규모 국유화가 경제의 근대화를
용이하게 할 것이라는 생각은 1981년(미테랑의 사회당이 최
초로 집권한 시기임—옮긴이)의 환상이었다. 90년대 들어와
프랑스 기업들은 세계시장으로 확대되어 나갔음에도 불구
하고, 국가의 경제활동은 단순히 (점점 더 사정이 악화되어
가는) 공기업의 관리에만 머물러 있었다.

이와 동시에 사회문제에서도 국가의 역할은 이미 오래
전부터 축소되어 왔다. 적극적인 고용정책을 시행하고 평
등한 교육을 가능케 하는 역할에서, 자신의 통제 아래 있는
기업(공기업을 지칭함—옮긴이)을 보호하는 데 주력하고 공
기업의 부실운영으로 인해 발생하는 퇴직자 문제와 그 부
실을 메우기 위한 보조금의 부담을 국민 전체에 떠넘기고
사기업에서와 마찬가지로 공기업에서도 파트타임 노동과
대리고용이 확산되는 것을 방관하는 위치로 축소되어 버렸
다. 이러한 국가는 일자리의 창출과 조정 과정에서 소극적
인 역할만 담당할 뿐이며, 엘리트 중심의 보수적인 취업형
태만 보장할 따름이다.

이와 같은 식으로 프랑스에서 노동조합은 약화되면서,
취약한 정부에 대한 국민의 부담은 점점 가중되는 과정이
진행되어 왔다. 이러한 시각에서 볼 때, 1995년의 파업은
생디칼리즘의 새로운 도약을 나타내는 것이라기보다 그 이
후의 과정이 보여주었듯이, 이미 오래 전부터 무기력해지

고 유해하기까지 했던 경제 관리체제의 파탄과 노동관계의
파탄을 공식적으로 인정하는 것이었다. 특히 이 파업은 개
방된 경제와 사회적 통합이 절대적 모순관계라고 믿고 있
던 사회의 분열을 가시화시켰다.

이러한 해석은 다수의 사람들이 12월 파업을 강력하게
지지했던 동기가, 그리고 더욱이 사회적 상황이 악화되는
것을 막고자 했던 국가의 의지가 즉흥적인 것이 아니었다
는 것을 의미한다. 그렇지만 이 해석은 이러한 기회를 틈타
사회와 경제의 관리자로서 국가 — 하지만 사회적 · 경제적
행위자들의 해체를 가속화시킬 수밖에 없는 국가 — 의 책
임을 확대시킬 것을 주장하는 사람들의 해석과는 명백하게
대립되는 것이다.

한편 나는 1995~98년에 주요한 갈등들이 사회적 권리의
지반에서 문화적 권리의 지반으로 옮겨가고 있다는 사실에
주목한다. 이 두 가지 대립되는 테마는 이 장의 중심 주제
가 될 것이다.

새로운 사회운동의 좌표

사람들은 사회운동에 대해 이야기할 때면 사회적 투쟁은
하나의 통일성을 가지고 있으며, 이 통일성은 그 결과 —
봉급생활자들을 짓누르는 세계화의 무자비한 논리에 대한

사회적 활동의 종속, 실업의 증가, 사회보장에 대한 위협, 국가의 개입능력 약화 등 ─ 가 익히 알려져 있는 자유주의 정치에 대한 거부에 근거를 두고 있다는 점을 환기시킨다. 사실 어떻게 사회보장보험을 그리고 봉급생활자의 최소한의 생활수준을 옹호하지 않을 수 있겠는가? 어떻게 실업과 고용불안에 반대하지 않을 수 있겠는가? 그렇지만 이 같은 원칙적인 선언들 자체가 어떠한 처방으로 제안되고 있는 것은 아니다. 이 선언들은 문화적 권리를 인식시키는 것을 목적으로 하고 있다.

우리는 여기서 고전적이라 불리는 운동, 즉 임금과 노동의 조건을 방어하는 데 행동을 집중시켰던 운동들을 다루지는 않을 것이다. 지난 몇 해 동안, 화물트럭 운전사들의 파업은 고전적인 운동 가운데 가장 눈에 띄는 운동이었으며, 이 파업이 초래한 불편에도 불구하고 대중들은 화물트럭 운전사들에게 뜨거운 지지를 보냈다. 그들이 길 위에서 보내는 많은 시간은, 공식적인 노동시간이 39시간이며 머지않아 35시간으로 축소될 나라 내에서 커다란 화제로 부상했다. 간단하게 얘기하면, 이 파업이 고전적인 형태를 지녔다는 사실이 이 운동의 중요성을 반감시켰던 것은 아니었다.

이 밖에도 많은 운동이 자유주의 논리와 관계없이 공공서비스 부문과 공기업에서 발생했다. RATP(파리지하철공

사)와 EDF(프랑스전력공사)가 이 경우에 해당한다. 그리고 SNCF(프랑스국영철도)에서는 기관사들의 정년퇴직제도와 사회보장보험 재정의 개혁이 원인이 되어 파업이 일어났다. 민간병원 원장과 인턴들의 파업 역시 전적으로 자유주의적 경제정책에 대항해서 진행된 것만은 아니었다. 이들은 자신들의 노동조건(사실 의사들의 노동조건은 굉장히 열악하다) 개선도 목적으로 했지만, 사기업에 대한 사회보장보험의 보조금 지급 수준을 개선하기 위해서도 파업을 단행했다. 에어프랑스에서 발생한 일련의 파업도 유사한 성격을 지니고 있었다. 실업자 운동은 결국 경제상황과 직접적으로 연결되는 거의 유일한 운동이지만, 이 운동의 중요성과 사회적 반향은 상대적으로 제한된 상태에 머물렀다. 이 문제에 관해서는 나중에 다시 언급할 것이다.

반면 80년대 초 이래로 인상적인 것은, 단순히 그 맥락뿐 아니라 내용 면에서도 여론을 강하게 움직였던 운동은 문화적 권리의 옹호라는 관점에서 구성된 운동들이었다는 사실이다. 따라서 나는 먼저 북아프리카 이민2세들의 운동과 반(反)인종주의 운동가들의 활동 그리고 에이즈에 대항하는 투쟁과 연결되는 동성애 운동을 회상해 볼 것이다. 소유하지 못한 사람들(les sans)의 운동 가운데서 가장 중요한 운동이었고 앞으로도 중요하게 부각될 운동은 분명 상 파피에 운동일 것이다. 이 운동들 또한 나중에 다시 다루게 될 것이다.

운동의 이 같은 변화가 의미하는 것은 무엇인가? 고용과 임금의 문제가 그 중요성을 상실한 것은 분명히 아니다. 이 변화는, 행위자들의 형성과 그에 따른 공개적인 활동의 부활이 흔히 문화적 권리에 대한 요구과정에서 이루어진다는 것을 의미하며 또 자유주의적 논리와 직접적으로 대립하는 운동보다는 오히려 이런 변화된 형태의 투쟁들이 '사회운동'이라는 명칭에 더 부합한다는 것을 의미한다. 따라서 사회운동은 거부의 운동에서 멈추는 것이 아니라 주장의 운동으로 나아갈 때 명실공히 그 진정한 의미를 가질 수 있음을 이 변화는 보여주고 있다.

우리는 궁핍과 종속과 빈곤에 반대하는 집단적인 행동을, 그리고 더 나아가 사회운동을 구성해 낼 수 있을까? 어떤 이들은 분명히 그럴 수 있다고 단언하면서 이렇게 반문할 것이다. "그렇지 않으면 집단적 행동과 사회운동이 다른 무엇을 반대하면서 형성될 수 있단 말인가? 노동자운동을 탄생시킨 것은 노동착취였고, 식민지배는 민족해방운동을 가져왔으며, 여성운동은 남성의 지배에서 탄생하지 않았는가?"

명증성의 이름으로 제시되는 이 같은 대답을 다시 한 번 생각해 볼 필요가 있다. 하나의 운동이 형성되기 위해서는 단순히 지배에 반대하는 것만으로는 충분하지 않다. 하나

의 실제적인 상징의 이름으로 자신의 요구를 펼치는 것이
필요하다. 생디칼리스트들은 자본주의적 착취에 대항하여
노동과 직업을 옹호했다. 반(反)식민주의 운동을 고무시킨
것은 민족적·문화적 정체성의 자각이었다. 여성들을 종속
에 대항하는 투쟁으로 이끈 것은 그 자신에게 고유한 개체
성의 주장이었다.

　결국 투쟁은 단지 지배질서에 대한 대항으로써만이 아니
라 사회 전체가 중요하다고 간주하는 가치들의 이름으로
이끌어지는 것이 필요하다. 산업사회와 진보의 이름으로
노동자들은 고용주에 반대했다. 자유의 이름으로 사람들은
식민지배에 투쟁했다. 성적 억압으로부터의 해방과 신체의
해방이라는 이름으로 여성운동은 사회 전체의 공감대를 얻
어낼 수 있었다. 그렇지만 사회운동의 특성에 관한 이러한
대답들을 뛰어넘어서, 이 운동들의 형성방식과 그 과정 속
에서 고유하게 나타나는 '소아병'과 운동의 성숙을 가로막
는 장애들에 관해 질문해 볼 필요가 있다.

　새로운 사회운동의 형성을 위협하는 주요한 두 가지 위
험은 다름아니라 폭력으로의 전락과 외부의 지지에 대한
극단적인 의존이다. 형성과정에 있는 하나의 사회운동을,
그것을 이용하려 하는 외부세력으로부터 혹은 그것을 내부
에서 파괴하는 폭력적 요인들로부터 보호하는 것은 결코
단순한 일이 아니다. 이 같은 취약성과 징후는 '소유하지

 어떻게 자유주의에서 벗어날 것인가

못한 사람들'의 운동에서 나타나고 있다. 무주거자 운동(노숙자 운동), 실업자 운동, 상 파피에 운동이 그러하다. 그렇지만 가장 중요한 것은 단순한 상실 혹은 결핍에 근거하고 있는 것처럼 보이는 행위들 속에 존재하는 실제적인 요구, 따라서 그 행위들을 사회와 문화의 중심에 놓이게 하는 주요한 갈등을 인식하는 것이다. 그리고 편차를 드러내는 것을 허용하지 않는 것, 특히 아직까지 자율적이지 못한 이 운동들을 희생시키는 정치적·이데올로기적 책략들을 인식하는 것이다.

오늘날 벌어지고 있는 투쟁들 속에서 가장 두드러지면서 가장 큰 힘을 가지고 있는 것은 단절·거부·부정의 의지이다. 이러한 반역의 운동들은 스스로 자신의 위치를 관용하지 않는 자와 너그럽지 않은 자들의 반대편에 놓는다. 그렇지만 배제의 질서에 대한 이와 같은 거부로부터 시작한 운동들은 가능한 두 가지 길 사이에서 선택을 해야 했다. 하나는 일반적으로 소수파인 자신들의 특별한 요구를 사회에서 인정되는 원칙, 더 정확하게는 권리와 연결시키면서 자율적인 사회적 행위자들의 형성으로 나아가는 길이다. 또 하나의 길은 이데올로기적·정치적인 세력에 의존하는 것인데, 이 세력은 자율적 행위자들의 형성 가능성을 믿지 않을 뿐더러 자신들의 존재를 단순한 '세력' 혹은 자기인식에 도달할 능력이 없는 '대중들'에게 하나의 의미를 제시해 주고 때로는 하나의 조직체를 제공해 주는 것을 과업으로 하는 전위세력으로 설정한다.

지난 몇 년 동안 전개되어 온 집단적인 행동들을 살펴볼 때, 우리는 이 행동들의 양태를 다음 세 가지로 나눌 수 있다. 즉 원초적인 반역, 합법성의 일반적 원칙에 대한 호소 그리고 힘있는 혹은 능란한 전위세력들에 의한 집단적 행동도구로의 전락이 그것이다.

첫번째와 세번째 모습을 설명하기는 어렵지 않다. 특히 첫번째 모습은 가장 선명하게 드러난다. 이 유형에 속하는 모든 집단행동은 위법행위 그리고 규정에 대한 거부를 수반한다 — 빈 건물과 행정관청을 점거하고 도로에서 시위한다. 세번째 모습인 종속은 이 행동들의 취약성에서 비롯된다. 즉 과거와 마찬가지로 오늘날에도 이들의 의미를 정의하는 일을 자처하는 자들은 이데올로그와 지식인과 종교인 집단이다. 그렇지만 가장 어려우면서도 가장 중요한 것은 이러한 행동들 속에서 무엇이 분석가로 하여금 사회운동에 대해 이야기할 수 있게 하는가를 해명하는 일이다. 왜냐하면 이 같은 집단적 행동이 가지는 새로움은 무궁무진하기 때문이다.

산업사회의 운동들, 무엇보다 노동운동은 역사의 이름으로, 진보의 이름으로, 풍요로운 사회의 이름 혹은 공산주의 사회의 이름으로, 다시 말해 사람들이 소망하고 그들에게 필요했던 미래의 이름으로 이야기되어 왔다. 그렇지만 20세기는 파국적인 결과들 속에서도 우리에게 유토피아를 계속해서 믿게 하기 위해 완벽한 사회와 새로운 인간을 내세웠던 전제주의적 체제에 의해 지나칠 정도로 지배되어 왔다. 그러나 우리는 반대로 그 자체의 고유한 무질서와 그 주변환경의 파괴로 위협받았던 우리 사회의 취약함을 생생하게 기억하고 있다.

우리는 광란하는 자유주의에 반대하지만, 마찬가지로 시장의 독재에 대한 저항이라는 이름으로 부과되는 공동체주의에 대한 무분별한 복종에도 반대한다. 오늘날 사회에서 소외당하는 사람들과 개인의 사회적·문화적 권리의 옹호는 시장의 지배뿐만이 아니라 공동체주의적 사고의 지배에도 반대하는 사회운동들의 실제적인 목표이다. 이 운동들은 완벽한 사회라는 이름을 내걸고 스스로를 포장하지 않으며, 먼 미래만을 응시하고 있는 것도 아니다. 이들은 자유롭고 '인간적인' 존재로서의 권리를 옹호하기 위해 싸운다. 이것은 오늘날 모든 사회운동이 제기하는 일반적인 원칙 — 즉 문화적 평등의 권리 — 이 가지는 형태이다.

최근 몇 년 사이에 원초적 반역의 차원을 넘어 형성된 다수의 집단행동 속에서, 한편으로는 그 운동을 억압하고 변형시키는 이데올로기적 지배와 다른 한편으로는 지배적인 무질서와 불평등과 배제에 의해 소외당한 집단과 개인들의 권리에 대한 새로운 주장을 구분하여 보자. 이 운동들의 취약성만 보는 것은 굉장히 쉬운 일이다. 그러나 비록 이 운동들이 제한적이고 격렬하며 종종 외부세력에 이용당하기도 하지만, 우리가 이해해야 하는 것은 이 운동들이 가져온 사회적이고 정치적인 혁신이다.

북아프리카 이민2세 운동

북아프리카의 이민이 더 이상 이민노동자로 간주되지 않으면서부터 그리고 1974년 프랑스 정부가 이민을 제한하고 그들에 대한 문호를 닫아버리기 시작하면서부터, 외국 이민들은 (그리고 특히 프랑스에서 태어난 이민2세들은) 빠르게 프랑스 사회에 통합되어 나갔지만, 머지않아 이들은 외국인에 대한 거부—인구의 상당수를 그들과 대립시키고 심지어 극우파 민족전선(Front National)까지도 탄생시킨 외국인 혐오증—와 충돌하게 된다. 이와 같은 상황에서 외국인 혐오증과 인종주의에 반대하면서 인간의 (문화적) 권리의 이름으로 문화적 · 종교적 정체성의 주장과 연결되는 사회운동의 형성을 예측하는 것은 그리 어려운 일이 아니었다.

　이러한 운동은 실제로 일단 형성되었다가 다시 빠르게 해체되어 버렸는데, 그것은 민족전선에 맞서서 정치적으로뿐 아니라 여론 차원에서 보다 효율적으로 대중을 동원할 수 있는 여지를 남겨놓기 위해서였다. 주요한 사건들을 한 번 상기해 보자. 베니시외(Venissieux)의 한 지역인 망게테(Minguettes)에서 일련의 폭력사건이 발생한 뒤로, 주로 빈민지역에 살고 있는 젊은 알제리계 프랑스인들을 중심으로 이민2세들의 운동이 조직된다. 'SOS-망게테의 미래(SOS-Avenir Minguettes)'의 대표였던 투미 자자(Toumi Djadja)에 대한 테러사건이 일어나고 곧 이어 들롬(Christian Delorme) 신부에 의해 강력하게 주창된 '인종주의와 불평등에 반대하는 행진'의 구상은 초기에 이 운동에 대해 사람들이 품었던 회의주의를 넘어서서 파리에서만 10만 명이 참가하는 성공을 거두었을 뿐 아니라 많은 이들, 특히 정치권으로부터 지지를 얻어내어 미테랑 대통령이 이 운동의 대표자들을 접견하기도 했다. 이 운동을 중심으로 그중에서도 드레이(Julien Dray)와 데지르(Harlem Daecir)가 이끄는 이민2세 운동의 인식과 연대를 위한 모임인 'SOS-인종주의(SOS-Racisme)'가 탄생한다. 이 조직은 처음에는 소수인종에 대해 일반적으로 적대적이었던 공화주의 정신의 개방을 호소하면서 외국 이민자들 사이에서 문화적인 정체성 인식을 확산시키는 운동을 지향했다.

그렇지만 상황은 매우 숨가쁘게 돌변한다. 좌익진영의 다수파는 — 모든 우익들처럼 — 사람들 속에 전파되어 나가는 호전적이고 공격적인 이슬람주의에 위협을 느꼈고 대중적 자유를 얻기 위한 이들의 행동을 위험스럽게 생각했다. 이러한 변화는 '이슬람 스카프' 사건이 터지면서 구체화된다. 이자브(이슬람 여성들이 외출할 때 얼굴에 두르는 베일—옮긴이)를 착용하는 대부분의 소녀들이 — 이들을 대상으로 설문조사를 했던 가스파르(Françoise Gaspard)와 코스로카바르(Farhad Khosrokhavar)가 명확하게 논증한 것처럼 — 자신들의 정체성을 그대로 유지하면서 정식교육을 받고 근대사회에 편입되기를 원했을 때, 당시 교육부장관이었던 조스팽과 정부당국은 이에 대해 관용적인 입장을 취했지만 지식인과 노동조합원, 정치가 들은 공화국의 정신 그리고 정교(政敎)분리의 원칙과 양립할 수 없는 것처럼 보였던 이런 모습에 격분을 터뜨렸다.

당시 북아프리카 이민2세들을 지지하는 대가로 많은 공격을 받고 있던 SOS-인종주의는 점차 그 활동을 이민2세 운동에서 인종주의에 반대하는 투쟁으로 옮겨갔다. 그리고 이민2세 운동이 사람들 사이에서 빠르게 잊혀져 가자, 이에 실망한 이들 운동의 지도자 중 일부는 종교운동으로 전환했으며 또 일부는 폭력적인 길로 나아간다. 그때부터 민족전선 — 민족전선은 근래 몇 년 동안의 선거에서 유권자의 득표율이 15%에 이르렀으며 우파진영을 분열시킬 정도로 그 영향력을 계속 확장해 왔다 — 에 반대하는 투쟁은 끊임없이 자기논리를 강요하게 되었고, 이는 문화적인 정체성

 어떻게 자유주의에서 벗어날 것인가

의 인식을 불가능하게 만드는 결과를 낳았다. 이민자들의 연합조직이 파리에서 쿠르드인(중동의 소수민족)이나 카빌리아인(알제리의 소수민족)의 입장을 옹호하는 시위를 벌이기도 했지만, 갈수록 늘어나는 실업이 야기하는 외국인에 대한 두려움과 거부감, 파리 외곽지역에서의 사회적 혼란 등을 이용하고 있던 민족전선에 대한 투쟁이 형성된 것은 점점 더 억압적으로 되어가는 공화국주의의 이름 아래에서였다. 이 같은 변화는 매우 빠르고 복합적으로 진행되었고, 그 과정에서 1983년 이민2세들의 행진에 대한 기억은 사람들의 뇌리에서 사라져 갔다. 개방적인 태도를 취하고 있던 사람들까지도 프랑스 사회가 반세기 동안의 소용돌이 끝에 이민이라는 새로운 물결을 흡수할 수 있는 능력을 갖추게 되었다고 생각하는 것으로 스스로를 위로했다. 그렇지만 아랍이나 아프리카 이민2세들 사이에서는 이슬람주의가 이미 폭넓게 확산되고 있었다.

이슬람주의자들의 테러에 대한 공포와 민족전선의 선동이 널리 퍼져나갔던 것은 정치적인 이유들 때문이었다. 당시 형성중에 있던 사회적·문화적 주체들은 파괴되어 버렸고, 복합적인 문화에 대한 두려움으로 프랑스는 외국 이민과 다른 소수계층의 문화적 권리를 인정하기를 거부해 버렸다. 프랑스는 유럽에서 최초로 인간의 권리를 선언한 나라였지만, 노동자들의 사회적 권리를 인정하기까지는 많은 시간이 걸렸다. 더욱이 문화적 권리에 대한 인정은 교육연맹과 같은 정교분리에 대한 계몽적인 옹호자들의 실제적인 행동에도 불구하고 여전히 지지부진한 상태에 머물러 있다.

동성애자와 에이즈 퇴치 운동

이 영역에 대한 평가는 좀더 긍정적이다. 왜냐하면 에이즈에 대항하는 행동들이 사회적·정치적 행위자로서의 동성애자들에 대한 대중적인 승인과 연결될 수 있었기 때문이다. 마르텔(Fédéric Martel)이 보여준 것처럼 자신들이 '문제 있는 집단'으로 낙인찍히는 것에 대한 두려움(이는 전형적인 공화국주의자들의 사고이다) 때문에 FHAR(동성애자혁명전선)과 『게이 피에(*Gay Pied*)』 같은 동성애자 신문에서부터 게이 세계의 상인들에 이르기까지 동성애를 대표하는 이들이 오랫동안 에이즈에 대항하는 동성애자들 스스로의 행동을 거부해 왔다는 점을 고려할 때, 이 같은 결과는 주목할 만한 성과이다.

드페르(Daniel Defert)가 설립한 에데와 같은 조직에 힘입어 동성애자들의 집단적인 자각이 싹트기 시작했던 것은 결국 에이즈와 가장 밀접하게 연결되어 있는 집단들 — 동성애자, 마약중독자, 수혈자 등 — 의 적극적인 참여가 요구되는 예방정책에 대한 필요성을 인식하면서부터였다. 구체적인 목표를 지향하는 이들의 행동은 효과적이었다. 이들은 예방과 환자들에 대한 지원을 요구했고 일부 의사들이 보여준 차별과 침묵에 대항해 투쟁했다. 그렇지만 이와 같은 행동이 이들 스스로에게 부과한 제약들은, 자신들의 행동이 동성애 주장의 수단이 되는 것을 막음으로 해서 동성애의 주장은 항상 보류된 목표로 남아 있었다.

동성애의 주장은 방송매체에 의해 확산된 악트 업의 훨씬 공격적인 전략이 효과를 발휘하면서, 그리고 또 두드러진 행동과 상업적이면서도 축제 분위기를 가미한 시위를 통해서 이루어진다. 미국에서 그러했듯이, 프랑스에서도 악트 업은 도발적인 행위를 표출함으로써 폭넓은 지지를 이끌어내는 데 성공한다. 하지만 집합적 주체들의 의식을 만들어내는 데에 있어서는 악트 업은 에데의 보다 도구적인 행동들에 비해 효과가 떨어지는 전위주의의 한 표본이었다. 마침내 동성애자들은 게이로서 자신의 존재를 인정받게 되지만, 그것은 사람들이 죽어가는 젊은이들의 모습을 보면서 연민의 정을 느끼기 시작하고 전통적인 도덕규범이 전반적으로 퇴조하는 속에서 가능했다. 훨씬 상업적인 모습으로 변하기 전까지의 몇 년 동안 동성애자들의 신문『게이 프라이드(*Gay Pride*)』는 이들의 의식을 표현하는 주요한 장소였다.

최종 결과는 긍정적이다. 동성애자들은 권리를 쟁취했고

—그들은 또 다른 권리들을 얻기 위해 계속 투쟁중이다—
집단적인 문화적 의식을 획득했다. 그러나 운동을 구성하
는 다양한 요소들은 여전히 서로 분리되어 있다. 에데는 자
기의식의 형성에 가장 많은 힘을 쏟고 있다. 그리고 악트
업은 무엇보다도 반대자들과의 싸움에 정력을 기울이고 있
는데, 상대적으로 조직화가 덜 되어 있긴 하지만 외부, 그
중에서도 특히 사회당으로부터 지지를 받고 있는 이들의
행동은 동성애자들의 문화적 권리에 대한 일정 정도 승인
을 얻어냈다. 악트 업의 이 같은 행동은 만족스럽게 평가될
수 있는 절반의 성공이다. 왜냐하면 게이와 레즈비언들은
사회 전체를 바꾸려고 노력하기보다는 오히려 자신들을 그
대로 인정해 줄 것을 요구해 왔기 때문이다.

그렇지만 일찍이 피임과 낙태를 둘러싼 논의들이 그러했
던 것과 마찬가지로, 동성애 커플에 대한 일정한 승인 — 특
히 유산상속과 관련한 권리 — 과 부합하는 PACS(Le Pacte
Civil de Solidarite, 시민연대협약)의 제창은 근본적인 태도
를 문제삼게 될 논쟁 — 예를 들어 동성애 커플의 양육권을
인정해야 할 것인가 하는 문제 — 을 불러일으킨다. 물론 이
전의 논쟁들은 공통적인 특징을 가지고 있다. 예컨대 낙태
의 권리를 지지하는 많은 사람들은 우선 낙태를 피하기 위
해 할 수 있는 모든 시도는 다 해야 한다고 확신하고 있었
다. 그러나 동성애의 경우, 논쟁은 훨씬 더 심층적으로 나아

간다. 이 논쟁은 아버지/어머니의 이원성(二元性)에 타격을 가하고 자식으로부터 아버지와 어머니의 존재를 완전히 분리시킴으로써, 우리가 가지고 있는 인간에 대한 개념화의 토대를 뒤엎어버리는 것이 아닌가? 더욱이 이 같은 전복은 이미 상투화되고 또 누구나 다 그렇게 생각하는 상황에서 부득이하게 혹은 일정한 세력들에 의해 진행되는 것이 아니라, 법적인 판결에 의해 이루어지고 있다.

이와는 다른 원칙에서 출발할 필요가 있다. 그것은 정치적 제도, 다시 말해 대중주권을 표현하는 장소인 정치적 제도들 속에서 남성과 여성의 동질성이 필요함을 주장하는 것이다. 이러한 개념화에 따르면, 인간에 대하여 남성/여성의 이원성보다 더 일반적인 표현은 없다. 이 입장은 남성과 여성을 성적인 존재로, 즉 권리 면에서는 동등하지만 자연적으로는 상이한 존재로 구분짓는다. 부모의 보조적인 역할이 인간의 인격형성에 있어 계속 하나의 주요한 조건으로 간주되어야 한다고 인정한다면, 남성과 여성은 자신들의 성적 역할, 특히 부모로서의 역할을 결정할 권리를 가지고 있다. 더러는 비정상적인 상황을 야기할 수 있지만, 그것은 또한 자식에 대한 능동적 존재로서 부모의 역할을 강화시킬 수도 있다.

확실한 것은 동성애 커플의 아이들이 자신들을 거부하는 주변상황들과 갈등한다는 점이다. 그러나 이것은 오히려 동성애자들간의 결혼 승인에 우호적인 논거이다. 즉 아이들에게 피해를 줄 수 있는 차별에 대해 하나의 타격을 가하는 것이 될 것이다. 자유로이 동거하며 살아가는 동성애자들이 다수의 이성(異性)애자들과 동일한 상황에 놓여 있을 것이라는 PACS의 제안을 반박할 수는 없다. 문제는 권리의 평등을 존중하는 것이다. 이를 위해서 이성애자들간의 결혼과 마찬가지로, 동성애자들간의 결혼은 인정되어야 한다.

프랑스에서 이제 막 불이 붙기 시작한 이 논쟁의 중요성은 문화의 문제와 개인의 문제가 정치적 영역에서 중심적인 위치를 차지하고 있다는 것을 보여준다는 데 있다. 소유하지 못한 사람들(les sans)을 옹호하는 운동들이 이 점을 확인시켜 주고 있다.

소유하지 못한 자들의 운동

상 파피에들이 피신해 있던 한 교회에서 폭력적으로 연행되었을 때 ― 당시 그중 일부는 단식투쟁을 하고 있었다 ― 그리고 빈 건물을 점거한 사람들이 방송과 여론매체를 통해 무주거자의 증가에 관심을 가져줄 것을 호소했을 때, 실업자들이 고용을 담당하는 공식기구인 ANPE(전국구직사무소)이나 ASSEDIC(상공업고용촉진협회)의 사무실을 점거했을 때, 중요한 투쟁들이 벌어지고 있었다는 것은 명백한 사실이다. 방송매체의 덕택으로 이러한 투쟁들은 대중여론을 움직일 수 있었다. 그렇지만 이 같은 운동이 새로운 사회적 주체의 형성을 의미하는가? 아니면 사회적 위기의 징후를 나타내는 것인가?

　여기서 옹호하려는 생각은, 현재 진정한 사회운동이 형성되고 있는 상황이지만 그것은 이데올로기적 무정부주의와 과격주의로부터 끊임없이 위협받고 있다는 것이다.

　초등학교 교과서에 나오는 것과는 달리, 어떠한 사건도 하나의 불변의 의미만 가지고 있지는 않다. 사건이 스스로 말한다는 생각이 얼마나 얼토당토않은 것인가는, 1968년 사건이 있고 그로부터 1, 20년이 지난 후에 제시된 논평들이나 오늘날 우리가 들을 수 있는 그토록 많은 상이한 의견들을 회상해 보는 것으로 족하다. 그렇지만 역사적 혹은 사회학적 분석이 사건에 대한 한 장의 사진 찍기로 환원되거나 변하지 않는 하나의 일반적인 의미의 추출로 환원되지는 않는다는 사실이, 새로운 집단적 행동의 가장 생산적인 주요한 의미와 그것이 제시하는 길을 찾는 작업을 포기해야 하는 이유가 되지는 않는다.

　일반적으로 이 운동들 속에서 두 가지 주요한 방향을 볼 수 있다. 어떤 분석가들은 20세기 초에 금융자본주의가 승리했던 것처럼 오늘날 세계화된 자본주의는 승리했고, 이 자본주의의 광란하는 힘 앞에서 급진적인 항의와 혁명적인 행동은 민주주의의 파괴 — 이것은 스스로 행동할 수 있는 사회능력, 즉 금세기〔20세기〕 동안 그렇게 힘들여 획득한 사회적 권리들을 파기하는 것으로부터 시작되고 있다 —에 맞서고 있다고 주장한다. 오직 국가와 주의주의적 정치만이 자유주의의 물결을 막을 수 있다는 생각은 이와 동일한 시각에서 나온 것이다.

또 어떤 분석가들은 우선 시장이 승리하는 필연적인 경향이란 존재하지 않으며 정치적 행동 또한 무기력하지 않다고 단언한다. 그리고 현재의 상황에서 우리는 전혀 무기력한 존재가 아니며, 우리가 놓여 있는 상황을 변화시킬 수 있는 것은 국가의 행동이 아니라 사회운동의 부상이라고 주장한다.

따라서 한쪽에는 세계화와 그것의 필연적인 성격을 믿으면서도 필사적으로 이에 반대되는 증거들을 제시하고 공화주의적 정부에 호소하는 사람들이 존재한다. 그리고 또 한쪽에는 경제와 사회의 상이한 변환들간의 완전한 상호의존을 믿지 않으며, 따라서 정치적 행동을 위한 장은 여전히 존재한다고 생각하면서 우리 사회가 신자유주의의 환상과 국가주의적 보수주의로부터 동시에 빠져나올 수 있는 조건을 사고하는 사람들이 존재한다.

세계화 이데올로기를 비판하고 있는, 이 책의 1장에서 나는 이 후자의 입장에 속해 있다는 것을 이미 보여준 바 있다.

분노와 비참함 속에서 절망적인 봉기를 권유하는 비관주의자와, "할 수 있는 건 아무것도 없어"라고 말하기를 거부하며 경제에 대한 새로운 정치적·사회적 통제형태를 만들고 변화시킬 수 있다는 것을 보여주려 노력하는 개혁가 사이에는 확연한 차이가 존재한다.

(주거나 직업, 체류증명서를) 소유하지 못한 사람들처럼, 부정적인 방식으로 자신의 상황을 정의하는 사람들에게서 사회운동이 출현하기를 기대한다는 것은 일반적으로 어려운 일처럼 보일지 모른다. 그렇지만 사회운동과 가장 근접한 형태가 형성되었던 것은 다름아니라 이들 속에서였다 (특히 상 파피에들을 중심으로). 그러나 이들에게는 사회운동을 지배하고자 하는 이데올로기적·정치적 전위들의 위협이 끊임없이 가해지고 있다.

무주거자들의 운동

일반적으로 실업문제와 마찬가지로, 주거문제의 위기는 거대한 정치·조합 단위의 행동에 의해서만 그 위기가 해결될 수 있는 것처럼 보인다는 데서 출발하고 있다. 주거문제와 관련된 행동들이 조직적인 형태로 나아가지 못하고 있는 것은 바로 이 같은 이유 때문이다.

1954년에 피에르 신부는 텔레비전으로도 중계된 충격적인 행동을 감행함으로써 주거문제에 직접적으로 개입했고, 이것은 1990년 DAL(Droit au Logement, 주거에 대한 권리)의 창설로 이어진다. DAL은 건물이나 공공장소를 조직적으로 무단점유해서 대중들의 여론에 호소했으며, 유명인사와 예술가들이 여기에 동참하면서 이 단체의 주장은 더욱더 널리 확산되어 나갔다.

DAL의 행동 중심에는, 로카(Michel Rocard) 정부에서 제정된 베송 법안에 따라 승인된 '주거의 권리'에 대한 주장이 자리잡고 있다. 그러나 정부에 대한 압력단체와 운동가들의 결집단체라는, 조직의 두 방향을 종합하기란 쉽지 않았고, 아직도 어려운 문제로 남아 있다. 드라공 거리의 무단점거와 그 뒤를 이은 정보교환 및 연대를 위한 공간으로서 '이웃의 희망'의 창설 과정에서 괄목할 만한 성공을 거둔 이후로, 이 두 방향을 둘러싼 조직의 분열은 점점 더 심해지고 있을 뿐 아니라 특히 DAL에서 분리되어 나온 운동가들로 구성된 DD!(Droit Devant!, 먼저 권리를!)의 설립으로 구체화되고 있는 상태이다.

그 동안 이룩한 몇몇 놀랄 만한 성과에도 불구하고, 경제적 현실과 정치권·행정기관의 압력은 무주거자 운동이 주거의 정치에 현실적인 영향력을 행사하는 것을 방해하고 새로운 행위자들을 형성하는 것을 가로막을 정도로 강력하게 작용하고 있다. 그렇지만 무주거자 운동은 '소유하지 못한 자들'의 다양한 운동 —비참함과 배제에 대한 항의이며, 대중여론을 움직이기는 하지만 하나의 사회운동으로 전화되기에는 결코 역부족인 움직임들 —이 스스로의 전화를 향해 나아갈 수 있는 최상의 토대를 제공해 주고 있다.

주거문제의 해결을 목표로 하는 행동은 특히 현존하는 난관들, 즉 여론매체에 의해 조작되는 지평을 뛰어넘기가 그리고 집단적 행동의 새로운 장이 펼쳐지기가 얼마나 어려운 일인지를 우리에게 알려주었다. 그러면서도 비록 그 자체의 형식화가 지나치게 일반론적인 것으로 남아 있기는 하지만, 주거의 권리에 대한 요구는 집단적 행위자들이 자신들을 어떤 방향으로 구성할 수 있는지를 우리에게 보여 주고 있다.

실업자들의 운동

실업자들의 조직화된 행동은 최근 들어 새롭게 등장한 것은 아니다. 프랑스에서는 양차 대전 사이에 공산주의 계열의 노동조합 CGTU가 다수의 실업자(약 10%)를 노조원으로 두고 있었으며, 30년대 경제위기의 절정기에는 릴에서 파리까지 실업자들의 행진에 6만 명이 참가했다. 더 최근에 와서는 모리스 파가가 실업자노조의 창립을 시도하기도 했다.

이와 같은 전례들은 무엇이 중심적인 문제인지를 명확하게 해준다. 문제는 실업자들의 행동과 생디칼리즘의 관계이다. 실업자 운동은 활동이 본격화되기 시작하면서 때로는 폭력적이고 때로는 인도주의적인 긴급한 행동과, 노동의 분할과 축소에 대한 지나치게 일반론적인 토론 사이에서 동요한다.

주요한 조직인 AC!(Agir Ensemble contre le Chomage!, 실업에 대항하여 함께 행동하자!)는 처음부터 노동조합과 연결되어 있었으며, 대외적으로 완전한 독립성을 표명한 것과는 달리 조직의 주도권은 그 파트너인 CGT(노동총동맹)가 쥐고 있었다. 그리고 CFDT(프랑스노동민주동맹, 사회당 계열의 노조―옮긴이) 출신인 클레르 빌리에르(Claire Villiers)와 LCR(혁명적 공산주의자연맹)에 소속되어 있던 크리스토프 아기통(Christophe Aguiton)은 1994년의 프랑스 실업자행진이나 유럽 실업자행진과 같은 조직의 자율적인 행동을 끊임없이 노동조합의 동의 아래 주도해 나가려고 시도하였다. 그러나 머지않아 AC!는 무엇보다 일자리를 지키고 싶어했던 노동조합원들과 강한 의견차이를 보이게 된다. 특히 이 조직이 미래가 막혀버린 젊은 실업자들이나 노동문화에 회의를 품고 있던 젊은이들의 이름으로 발언하면서 노동조합원들과의 갈등은 더 심각해졌다.

이런 일련의 사태가 계기가 되어 실업자 운동은 담론의

 어떻게 자유주의에서 벗어날 것인가

급진적인 변화, 특히 1995년 지방선거 기간 동안의 변화를 겪게 되며, 소외된 모든 계층 —무주거자, 상 파피에 등— 이 제기하는 요구투쟁에 동참하기에 이른다. 이와 같은 변화는 보다 급진적인 형태로 사회의 파열에 대항하는 투쟁이라는 더 넓은 테마로 이어지는데, 새로운 시민성(市民性)을 고려한 이 테마는 대중들 사이에서 긍정적인 반향을 불러일으키게 된다. 그 결과 대중들은 1997년 말 ASSEDIC과 ANPE의 사무실을 점거했던 이들의 행동을 우호적으로 받아들였다. 그렇지만 정부는 무단 점거자들을 내쫓고 배제와 관련한 법안을 준비하면서 곧바로 주도권을 회복한다. 놓여 있는 상황이 서로 다르고 또 자세와 계획 등이 각양각색인 수많은 운동가와 실업자들로 구성된 이 운동이 어떻게 거기에 저항할 수 있었겠는가?

이 운동은 서로 다른 두 가지 측면을 내포하고 있었다. 우선 이 운동은 권리를 요구하는 행동에 새로운 내용을 부여하는 데 공헌했다. 하지만 이 운동은 특히 희생자를 행위자로 전화시키고자 하였고, 이들에 앞서 이민2세들이 그랬던 것처럼 실업자들도 하나의 행동으로 조직화될 수 있고 자신들의 목소리로 외칠 수 있다는 것 —설사 이들의 목소리가 노동조합원들 소리에 파묻혀 버릴지라도— 을 보여주고자 했다.

스스로를 새로운 집단적 주체로 부각시키는 일과 관련하

여, 그 어떤 운동도 이들 실업자들보다 더 어려운 상황에 놓였던 적은 없었다. 이러한 상황은, 실업자 운동에 부정적인 이미지를 던져주었던 사건 — 몇몇 학생이 선동하여 고등사범학교를 점거한 사건 — 에서 볼 수 있듯이, 전적으로 여론을 선동하는 행동으로 나아갔던 운동의 취약성을 설명해 준다. 그러나 무단 점거자들을 진압하는 정부의 입장을 강화시켜 준 이 같은 탈선들이, 실업자 운동이 새로운 사회적 행위자의 형성 영역에 쇄신을 불러일으켰다는 사실이나 이들의 행동이 다시 살아날 수 있다는 사실을 망각케 할 수는 없을 것이다.

상 파피에(불법체류자) 운동

무주거자 운동과 실업자 운동은 변화시켜야 할 어려운 상황에 대해 항의하는 것으로 자신들의 기력을 소진시킨 반면, 훨씬 더 소외된 존재로 남아 있을 수 있었던 상 파피에들의 운동은 주체적으로 사회운동으로 전화해 나갔다. 상 파피에들은 스스로를 자율적인 행위자로 구성했고, 이들의 적수인 정부는 그것을 명확하게 입증해 주었다. 마침내 이들은 여론 속에서 매우 커다란 반향을 발견하게 되는데, 이것은 소수의 사람들에 관한 권리의 옹호가 모든 사람을 위한 권리의 옹호와 결합되었기 때문이며 특히 드브레 법안

제1조가 많은 이들에게 개인적인 자유에 대한 침해로 받아들여지면서 가속화되었다.

이 같은 힘과 이들의 자율성은 상 파피에 운동이 어느 한 순간도 외부의 개입자들에 의해 지배된 적이 없었다는 것을 나타낸다. 외부에서 상 파피에 운동에 협력했던 사람들은 어떤 경우에도 이 운동을 지휘하거나 이들에게 방향을 부과하려고 시도한 적이 없었으며, 다만 이들이 정식체류 허가를 받을 수 있도록 힘쓰는 데 만족했다. 상 파피에 운동의 방향은 그 구성원인 자율적인 행위자들에 의해서 제시되었고, 상대적으로 오랜 역사를 지닌 조직 — 초기에는 말리인 조직 그리고 운동의 절정기에는 항저우 출신 중국인 조직 — 을 토대로 하고 있었다. 운동의 주요한 지도자이자 상 파피에를 대표하는 인물은 세네갈 출신의 아바바카 디옵(Ababacar Diop)과 마지구엔느 시세(Madjiguène Sissé)였는데, 운동의 가장 중요한 내적 토론은 이들 사이에서 이루어졌다.

성 앙브루아즈의 점거농성 이후 그리고 특히 성 베르나르 교회에서 단식투쟁중이던 시위대에 대한 폭력적인 진압 이후에, 상 파피에 운동은 적극적인 정치적 감정 — 민족전선에 대한 두려움과 민족전선의 인종주의적 선언에 대한 능동적인 거부 — 을 품은 다른 사람들과 강력한 연대를 형성할 수 있었다. 마침내 프랑스에서 정상적으로 살아가기를 바라는 이들의 권리를 지키기 위한 자율적인 행동은 스스로를 하나의 거대한 운동으로 전화시켰을 뿐만 아니라, 민족전선의 전당대회에 반대하는 스트라스부르그 시위 이후에 이들의 운동은 프랑스 정치생활에서 커다란 위치를 차지하게 되었다.

상 파피에 운동은 '거스를 수' 없는 것이었다. 설령 극좌파 그룹이나 인도주의 단체 혹은 유명인사들의 지지를 받았다 하더라도, 이 운동은 자신의 통제권을 계속 견지했을 것이며 과시적인 행위나 순전히 여론조성을 목적으로 대중매체를 이용하는 행동을 함으로써 기력을 소모하는 일 또한 여전히 일어나지 않았을 것이다. 이 운동은 사회의 변화를 목표로 하지 않는다. 상 파피에 운동의 유일한 목적은 상 파피에들의 정식체류 허가이다. '불법체류자'를 대체하는 '상 파피에'란 이름 그 자체가 사회로 통합되려는 의지, 다시 말해 혁명적이지는 않지만 세계적인 경제상황이 야기한 이민의 압력에 직면하여 일부의 여론과 정부측에는 두려운 반응을 불러일으키는 그 같은 의지를 나타낸다. 좀더 구체적으로 말한다면, 무주거자들만큼이나 주변적인 존재로 남아 있을 수 있었던 상 파피에들에게 새로운 생명을 부여한 것은 드브레 법안에 반대하는 시민들의 격분과 상 파피에 운동의 만남이었다. 그 이후로, 이들은 사회적 영역을 복구하는 데 있어서뿐 아니라 1997년 국회의원 선거에서 우파에게 패배를 안겨주는 데 일정한 역할을 담당하게 된다.

방송매체에서 방영되는 이미지들이 운동의 확장에 호의적이었던 것은 사실이다. 그러나 상 파피에들이 시도한 행동들이 전적으로 방송매체를 겨냥한 것이었다고 주장하는 것은 부당하다. 이들의 자율적인 활동과 국가의 주요 구성원들—즉 시민들—의 성원이 집단적 행동의 중요한 원동력이었다.

이민2세의 경우와 마찬가지로, 개별적인 사안에서 출발한 행동이 민족전선에 반대하는 투쟁으로 나아간 사람들이라든가 심지어는 상 파피에들과의 연대보다는 개인적 권리의 옹호가 더 중요했던 사람들의 전폭적인 지지를 받으면서 상 파피에 운동이 정치행동으로 전화되는 것에 반대하는 사람도 있을 것이다. 그러나 이 같은 이의는 받아들여질 수 없다. 왜냐하면 설사 상 파피에 운동이 파스카(Pasqua) 법안과 드브레 법안(이 법안들은 우파정권에 대한 민족전선의 영향력을 나타낸다는 것을 상기할 필요가 있다)에 반대하는 투쟁으로 전화되었을지라도 그리고 다른 모든 사회운동과 마찬가지로 정치적인 문제로 귀결된 것을 보여주었다 하더라도, 이 운동이 존재한 이유는 너무나 당연한 권리들의 옹호에 있었으며 구체적인 해결책의 추구에 있었다는 사실을 부인할 수 없기 때문이다.

상 파피에들의 행동에 점철되어 있는 단식투쟁은 개별적

인 참여가 운동에서 하나의 중심적인 위치를 차지한다는 것을 확증해 주었다. 모든 사회운동은 희생과 모범적인 행동을 낳는다. 투쟁과정에서 운동들은 개인의 권리를 옹호하기 위해 헌신했고, 따라서 정치 이상의 도덕적 지향을 가지고 있었다. 이리하여 그 오랫동안 경제와 연결되어 있던 정치는, 도덕적 요구들이 공적인 영역으로 침투함에 따라 변화되는 자신을 발견하게 된다.

어떤 행동이 직무나 자격의 인식이 아니라 박탈(노동의 박탈, 주거의 박탈, 신분증명의 박탈 등)에 근거하고 있을 때, 사회적 행위자의 생성과 부당한 질서에 대한 정치적·이데올로기적 고발은 항상 서로 분리되려는 경향을 보인다. 이성에 의한 진보라는 보편적인 준거원칙의 효과 아래 놓여 있던 산업화시대의 사회운동들 속에서 이 두 가지 요소는 상호 결합되어 있었다. 그렇지만 스스로 하나의 역사철학적 형태로 존재하던 이 '객관적' 원칙이 그 위력을 상실하면서, 권리의 이념에 대한 호소가 대두하기 시작한다. 즉 1789년에 정의된 바 있는 인간의 권리, 하지만 더 구체적으로는 노동에 대한 권리, 주거에 대한 권리, 안전에 대한 권리 등과 같은 인간의 권리에 대한 호소가 싹튼다. 오늘날에는 이 인간의 권리 이념 속에, 다양성을 부정하고 대신 하나의 규범을 부과하려 하는 자코뱅주의적 정신에 의해 위협받고 있는 문화적 권리를 첨가할 필요가 있다.

　　그러므로 새로운 사회운동에 커다란 중요성을 부여해 주는 것은 바로 주체의 권리, 다수의 권리 그리고 이들과 동등한 소수의 권리에 대한 준거이다. 이 운동들은 지배질서에 대한 항의뿐만이 아니라, 희생자들을 해방시키고 그들이 사회변화의 주역으로 전화될 수 있게 하는 일까지도 수행한다. 이것은 새로운 사회운동을, 새로운 주체들의 형성 가능성을 믿지 않고 오로지 지배질서에 대한 고발과 폭로만을 운동의 유일한 기능으로 간주하는 이데올로기들에 의해 분출되고 증폭되는 '긍정적인' 행동으로 바라보는 사람들과는 정반대되는 시각이다.

　　오늘날 정치적·이데올로기적 행동에 대한 사회적 항의의 종속관계는, 공산당이 전체주의적 정치 프로그램의 완성을 위하여 노동자들의 투쟁과 반(反)식민주의 투쟁을 지원했을 때 그 관계가 보여주었던 것과 같은 역동적인 효과들을 더 이상 생산해 내지 못하고 있다. 이와 같은 관계는 지난 30년 동안 라틴아메리카 게릴라들의 경우를 생각하게 한다. 사실 라틴아메리카 게릴라들은 자신들이 소유한 무력 — 그 토대는 인민해방의 전위로 자처한 급진적인 도시 중산계급의 젊은이들로 구성된다 — 의 이름으로 농민과 간접적으로만 관계를 유지해 왔다. 따라서 라틴아메리카 토착민들의 운동 — 과테말라 리고베르타 멘추(Rigoberta Menchu)의 운동, 멕시코의 사파티스트와 부사령관 마르코스(Marcos)의 운동, 에콰도르의 볼리비아계 카타리스트와 인디언들의 운동 — 이 형성되기 위해서는 먼저 이들과 반대되는 지향을 가졌던 소비에트 방식의 모델과 쿠바 식 모델이 붕괴되어야만 했다. 토착민 운동은 단절의 정치를 거부했고 문화적 정체성의 확립에 근거하고 있으면서 동시에 민주적이고 능동적인 정치노선을 채택하고 있었다.

지금까지 프랑스는 항상 새로운 사회적 행위자들의 형성을 희생시키면서 정치적 극단주의를 선호해 왔다. 이 같은 특성은 어제오늘의 일도 아니거니와 프랑스에만 국한된 현상도 아니다. 왜냐하면 그것은 볼셰비키와 그 정적 — 1913년까지 러시아의 노동조합을 지배했던 멘셰비키 — 간의 대립의 재현이기 때문이다. 내가 '새로운 사회운동'이라 불렀던 60년대의 운동들이 스스로 고갈되어 버렸던 것은, 이 운동들이 레닌주의의 외양을 둘러쓰고 자신들을 제시했기 때문이다. 새 포도주가 헌 부대에 담겨졌고, 그것은 곧 쉬어버렸다.

오늘날 이 같은 일이 더 이상 반복되어서는 안 된다. 68년 5월의 정신(그리고 그것의 정치적 어휘)은 지난날의 어휘와 낡은 사고형태를 벗어던지고 에데의 행동에서처럼, 특히 상 파피에들의 행동 — 내게 이들의 행동은 창조적이고 해방을 향한 항의로 가득 차 있는 것처럼 보인다 — 속에서 더욱더 거대한 힘과 함께 다시 태어나고 있다.

 어떻게 자유주의에서 벗어날 것인가

　모두가 이해하는 권리의 요구는 '권력쟁취'의 의지 혹은 제도와의 완전한 단절 의지와는 대립되는 민주주의적인 과정이다. 성 베르나르 교회에 모인 사람들과 이들의 지지자들은 각자의 욕망에 따라, 필요에 따라 그리고 문화에 따라 살아갈 권리에 호소하면서, 위험스러운 드브레 법의 계획을 가로막았다. 결코 권력장악이나 혁명의 발발이 문제가 아니었다.

　이 운동들이 갖는 또 하나의 가치는 공화주의자를 자처하는 이들과 민주주의를 내세우는 이들 간의 거리를 좁혔다는 점이다. 왜냐하면 문화적 권리의 승인은 국가의 통일성과 다양한 이해관계·가치·유산 들을 결합시킬 수 있는 제도에 대한 지지를 전제하기 때문이다. 서구사회나 그 밖의 모든 지역에서 그러하듯이, 프랑스에서도 시장과 공동체주의적 정치에 대한 확신은 약화되고 있다. 다시 사람들은 국가에 대해, 시민성에 대해 그리고 사회적·문화적 권리에 대해 이야기하고 있다. 이 용어들은 서로 대립되지 않으며, 서로 보완적인 관계이다. 이제 더 이상 시민성은, 필요하면 강압을 동원해서라도 단일한 민족의식 속에 모든 정체성을 용해시키는 방식으로 만들어질 수는 없다. 각각의 권리를 무자비하고 전능한 민족적 이해와 단일성에 종속시키기보다는 이 각각의 권리의 확립을 주요 목표로 삼는 집합의 내부에 정치적 다양성과 논의와 표상들을 증대시킬 때 비로소 시민성은 생겨나기 때문이다.

　그러나 이와 대조적으로 이 운동들은 관련 영역들의 타락을 드러내기도 한다. 예컨대 연대와 평등에 대한 호소는, 진실하고 성실한 지원자들로부터 지지를 받기도 하지만 점점 더 — 맡은 바 책무의 일부를 자원봉사자들에게 떠넘김으로써 우선적으로 자기책임을 줄이려고 하는 — 국가기구에 이용되고 있다. 따라서 이와 관련된 운동이 희생자들을 행위자로 전환시키는 일보다는 유권자의 표와 과시적인 행동에 더 고심하는 행정기관, 특히 지방 행정기관의 외곽세력으로 전락하기도 한다.

문화운동

사회적·정치적 활동 전체에 영향을 미칠 수 있는 사회운동이 형성되는 것은 모름지기 희생자들에 대한 옹호가 문화적이고 사회적인 새로운 지향과 명백하게 연결될 때일 것이다. 이 같은 접합은 현재 이루어지고 있으며, 그것은 자본주의적 지배에 대한 가장 강력한 대응을 만들어낼 것이다. 이에 관해서는 좀더 면밀하게 서술할 필요가 있다.

　서구의 근대화는, 스스로를 이성적 존재라고 정의하면서 불합리하다고 가정되는 모든 세력에 대항하는 것이 자기 역할이라고 단언하는 엘리트들의 수중에 행위수단들이 집중되면서 이루어졌다. 근대화는 성공하였고 몇 세기 동안 서구사회에 지배권을 제공했지만, 이것은 사회의 전반적인 분열과 모든 영역에서의 양극화라는 대가를 치렀다. 스스로 이성적이라고 선언하는 기업가 대 타성적이고 우둔하다고 판정받은 피고용자, 무지를 밝혀줄 빛을 가진 식민지 지배자 대 진보를 거부하면서 아둔하게 살아가는 '야만인들', 스스로 통제할 줄 아는 어른 대 자기 본능에 복종하는 아이, 이성적인 남성 대 비이성적이라고 판정받은 여성으로 양극화되었다. 여기서 마지막 모습은 여성적인 개인적 삶에 대한 남성적인 공적 삶의 지배를 나타낸다.

그리하여 이미 오래 전부터 그리고 오늘날도 여전히 우리는 이 같은 양극화와 지배자-피지배자 사이의 대립을 극복하기 위해 노력하고 있다. 지금 나는 우리가 살고 있는 세계의 재구성에 관해 이야기하고 있다. 노동운동은 그에 대한 최초의 표명이었다. 경제발전은 권위주의적인 합리화와 재원의 축적으로 환원되지 않는다. 그것은 보다 많은 수의 사람들이 생산과 소비와 근대사회의 관리에 참여하기를 요구한다. 노동운동의 뒤를 이어 나타난 식민지 해방운동, 즉 근대화 추진자로서의 역할이라는 거만한 확신과 강압에 의해 이루어졌던 식민지 지배를 거부하는 운동들 역시 세계의 재구성에 대한 의지의 표명이었다.

20세기 후반 우리가 사는 세계를 재구성하기 위한 두 개의 거대한 운동형태가 이전의 노력들에 덧붙여지고 있다. 하나는, 경제적 근대화가 만들어낸 사회들의 경제적 · 기술적 개입 위력에 의해 자연환경과 문화환경이 고갈되고 위기에 처했다는 것을 인식하고 인간에 의한 자연의 지배를 자연에 대한 책임으로 대체하려는 환경보호 운동과 사상이다. 이 같은 환경보호론이 페리(Luc Ferry)의 경우처럼 때때로 위험스런 반(反)휴머니즘적 형태를 띠면서 자신이 제시하고 있는 전망을 뒤엎기도 한다는 점은 지적되어야 할 것이다.

여성운동은 좀더 중요한 의미를 갖는다. 왜냐하면 남성과 여성이라는 대립의 쌍은 다양한 형태로 우리 문화를 지배해 왔기 때문이다. 운동의 초기에, 여성들은 권리의 평등과 차별의 종언 그리고 신체의 자유를 요구했다. 여성운동의 이러한 요구와 관련하여, 프랑스의 경우 여성들은 법적인 차원에서 상당히 큰 성과를 얻어냈지만 현실의 불평등이 완전히 사라졌다고 말하는 것은 지나치게 성급한 견해였다. 그 원인은 우선 낡은 계서적인 모델의 저항에서 찾을 수 있겠지만, 평등이라는 테마가 내재하고 있던 하나의 위험스런 시각에도 그 원인이 있었다. 이 테마는 여성에게 남성과 동일할 것을, 그리고 남성이 소유하고 있는 활동과 권위와 권력에 접근할 수 있기를 요구했다. 이런 평등주의가 실패한 이유 가운데 하나는 많은 여성들이 삶의 다른 방식,

즉 이윤과 권력의 경주에 깊이 연루되어 있는 남성이 여성적 정체성에 하나의 내용물을 부여하고자 했던 것을 반대하고 이와 다른 방식의 길을 추구한 데서 비롯한다. 그러나 정체성과 관련한 모든 운동이 그렇듯이, 이러한 추구는 곧 막다른 골목에 빠질 뿐 아니라, 종종 — 퀴어(Queer) 운동을 이끌었던 미국의 가장 급진적인 레즈비언들이 잘 보여주었던 것처럼 — 스스로 주변화되는 형태를 띠게 된다. 최근에 와서 이 평등주의 운동은 불평등에 기초하고 있는 양극화된 우리 문화의 원칙들 그 자체를 공격하는 좀더 근원적인 운동의 형성으로 나아가고 있다.

동등(parité)을 위한 운동 — 이 운동은 여론 차원에서 중요한 성공을 거두고 있으며 프랑스에서는 아마 제도의 개혁을 가져올 것으로 보인다 — 은 불평등한 상황에서 형평을 다시 설정하는 것을 목적으로 한 쿼터의 정치로 나아가고 있다. 이 운동은, 인권을 가진 인간은 남성/여성이라는 이원성 형태에서만 존재한다고, 그리고 그 결과로서의 권리의 보편주의 — 이것은 모든 대가를 지불하고서라도 지켜내야 하는 것이다 — 는 남성과 여성의 차이에 대한 인식과 분리될 수 없다고 주장한다. 남성과 여성은 평등한 존재인 동시에 서로 다른 존재이다. 서구 근대화의 모델은 그 자체의 가장 근본적인 구성요소, 즉 인격과 문화의 생산에 대한 문제제기에 직면하고 있다. 남성적인 체험과 여성적인 체

험의 이원성을 도입하지 않고서 우리 사회의 변화들을 분
석하기란 이제 더 이상 불가능하다. 하지만 프랑스는 이런
점에서 여전히 뒤쳐져 있는 형편이다.

　우리가 사는 세계를 재구성하기 위한 새로운 〔투쟁의〕 전
선이 펼쳐지고 있다는 것을 덧붙여둘 필요가 있다. 오늘날
우리는 마침내 아동의 권리를 이야기하고 있다. 유아 성추
행(pedophilie)이라는 일련의 놀라운 사건이 잇따라 발생
하고부터, 가정뿐 아니라 학교에서도 아이들이 자율성과
고유한 활동경험을 스스로 생산해 낼 수 있는 능력을 강화
해야 한다는 이야기가 제기되고 있다.

　이 거대한 문화운동과 사회·경제적 구조의 직접적인 희
생자들 — 이들 역시 자신들이 겪은 경험들을 통해 형성되
었다 — 을 옹호하기 위한 행동 사이에는 여전히 무시할 수
없을 만큼의 거리가 존재한다. 하지만 사회운동들이 스스
로를 굳건하게 구성하기 위하여, 희생자들의 옹호와 문화
의 전화 사이의 만남을 제안하고 있다는 것을 우리는 알고
있다. 물론 이제까지 대다수의 관망자들이 자신들을 실망
시킨 난잡한 정치선동에 등을 돌려왔지만, 바로 이러한 만
남 속에서 정치의 장(場)은 새로운 활기를 띨 수 있다.

　이 같은 운동이 형성되는 데 있어 주요한 장애 가운데 하
나는 실재적인 목표를 정의할 수 있는 행위자의 존재 가능
성을 믿지 않는 자들의 개입이다. 그들의 눈에는 단지 냉혹

한 운명을 짊어진 희생자, 자신들의 고통을 통해 사회질서의 부당함을 증언해 주는 그런 희생자만 보일 뿐이다. 이 이데올로기는 사회운동의 형성을 지체시키고 있으며 이런 운동은 스스로 조직화되고 전개될 수 없다는 담론을 퍼뜨리고 있다. 따라서 우리에게는 이러한 이데올로기들과의 싸움이 필요하다.

'거부'의 운동을 '주장'의 운동과 결합시키는 것은 힘든 일이다. 배제당한 사람들 — 이민2세, 차별의 희생자, 무주거자, 실업자, 상 파피에, 에이즈 환자, 장애자 그리고 그외 모든 사람들 — 에게 문제는 정보사회를 향해 언론을 장악하고 지휘하는 기구들 그리고 경쟁의 조건(따라서 성장의 조건)을 자처하는 유연성(정확하게는 허약성)과 투쟁하면서 자신들의 권리를 주장하는 것이다.

운동의 이 두 가지 질서 — 거부와 주장 — 를 결합시키는 것, 그것은 개인의 권리를 집단적 차원에서 옹호하는 것이다. 문화적 권리뿐만이 아니라, 이와 똑같이 노동에 대한 권리와 직업적인 활동을 지속하는 것에 대한 권리를 옹호하는 것이다. 개인의 권리에 대한 이와 같은 언급이 집단적 행동에 대한 모든 가능성을 폐기시킨다고 말하는 것은 놀랄 만한 일이다. 프랑스혁명이 만들어낸 가장 위대한 텍스트는 인민의 주권만이 아니라 개인의 권리에 대한 옹호 역시 호소하고 있는 인권선언이다. 정확히 말해, 오늘날 진정으로 새로운 것은 언론의 자유, 집회의 자유, 결사의 자유에 대한 언급이 아니다. 오히려 개인의 정체성, 다시 말해 개별적인 삶의 경험을 지속적으로 만들어내고 변화시키는 단위로서의 정체성에 대한 권리를 소망하는 것이다. 이 '윤리적'인 옹호가 집단적인 행동에 호소하는 것, 이것은 지금 가시적으로 이루어지고 있으며, 현재 진행되고 있는 많은 운동들의 의미가 바로 여기에 있다. 그러나 이러한 집단적 행동은 제도적인 보호를 받을 때 비로소 가능하다. 따라서 문제는 사회적인 관계, 특히 지배관계에 무관심한 비인간적인 개인주의가 아니라 바로 정치적 행동인 것이다.

　바로 여기에 80년대 이민2세 운동의 중요성이 그리고 90년대 상 파피에 운동의 중요성이 존재한다. 방어의 행동에서 권리의 주장으로, 불의에 대한 항의에서 개인적이며 집단적인 속성들—아마도 직업적이고 언어적이며 도덕적 혹은 종교적인 속성들일 것이다—에 대한 언급으로의 이행을 가장 확실하게 수행했던 것이 다름아니라 이 운동들이었다. 그 곁에서 일어나고 있는 동성애자들의 운동 역시 단순히 차별에 반대해서 투쟁한 것만은 아니었다. 동성애자 운동은 또한 개인적이면서 사회적인 삶에서의 성의 위치에 대한 '밝은' 개념화를 표상한다. 마지막으로, 자신들의 법적인 승리 이후 순수하게 방어적인 여성운동이 몰락해 버렸을 정도로 그리고 여성적인 존재의 추구가 주변화되어

버렸을 정도로, 여성들의 행동은 — 조직화된 정치운동에서
보다는 여론을 상대로 한 운동 속에서 더 활발하게 움직이
고 있음에도 불구하고 — '세계의 재구성'에서 핵심적인 행
위이다. 과거에 노동운동과 민족해방운동이 그랬던 것과
마찬가지로, 그 뒤를 이어 여성운동은 남성적이고 부르주
아적이며 서구적인 이성이라는 한 축과 여성적이고 대중적
이며 '토착적인' 비(非)이성이라는 또 한 축의 계서적 대립
을 지양하기 위해 투쟁하고 있다.

　만일 '거부'의 운동과 '주장'의 운동 간의 이와 같은 결합
이 이루어지지 않았다면, 거부의 운동은 내부분열과 공권력
에 의해 쉽게 조작될 수 있는 취약함 때문에 빠르게 소진되
어 버렸을 것이다. 결국 어떻게 이러한 행동들을 가로질러
서 — 흔히 이 행동들은 시간적으로나 동원의 능력 면에서
제약받고 있다 — 새로운 사회적 행위자들이 형성되고 있다
고 생각하지 않을 수 있겠는가? 물론 이 투쟁들이 노동자운
동이라 불렸던 것과 동등한 가치를 형성하기 위해 서로 연
합하거나 통합할 것이라는 보증은 없다. 하지만 이 투쟁들
이 접근하고 있는 문제는 자본주의적 근대화나 대중화된 문
화와 연결된 것들이다. 따라서 그 문제는 이 투쟁들이 이의
를 제기하고 있는 지배의 주요한 형태들이라고 할 수 있다.
정부가 이 투쟁들의 미성숙한 면만 보고 있다는 것은 별로
중요한 일이 아니다. 왜냐하면 무엇보다 중요한 것은, 국가

가 그리고 사회의 지배세력이 이 투쟁을 인정하는가 아닌가
가 아니라 이 투쟁이 자신들의 능력을 스스로 인식한다는
것이고 사회의 구성과 우리가 사회에 대해 가지고 있는 표
상을 심층적으로 변화시킨다는 것이기 때문이다.

최근에 발생한 고등학생들의 시위(1998. 10)는 학교와 교
육에 대한 우리의 전통적인 관념의 변화를 잘 보여주고 있
다. 물론 이런 시위가 처음은 아니다. 학생들은 자신들의
불안한 현실을 자주 시위로 표출해 왔다. 그러나 이번의 시
위는 새로운 면을 보여주고 있는데, 아마 그것은 고전적으
로 노조들이 사용해 온 전략과 일치하는 담론들이 이들 고
등학생들—종종 여고생들—의 목소리를 수용하기에는
너무나도 무기력하기 때문일 것이다. 학생들은 전반적으로
부실한 학습의 물적 조건에 대한 문제 못지않게 학교 내에
서의 자신들의 위치에 대해 강하게 이의를 제기하고 있다.
확실히 학교는 교육 문화와 권위를 보존하고 있다. 그러나
이러한 문화와 권위는, 그 안에서 명확한 미래를 향한 길을
찾을 수 있는 학생들에게는 받아들여지지만 자신들의 미래
에 대해 확신할 수 없거나 새로운 생각과 감성의 고안보다
는 주어진 규범에 대한 복종을 요구하는 시스템과 화합할
수 없는 학생들하고는 충돌을 일으킨다. 고등학생들은 자
신들에게 주어지는 교육의 주체가 되기를 원하며, 교육관
련 법령에서부터 학교시설에 이르기까지 곳곳에서 일어나

고 있는 변화의 주체가 되기를 요구한다. 이러한 요구가 직접적으로 정치적인 것이 아니라는 이유로, 많은 관측자들은 학생들을 지나치게 온건하게 평가한다.

사람들은 사회를 전복하려는 이들과 사회에 좀더 폭넓게 참여하려는 이들을 대립시킨다. 하지만 이것은 잘못된 해석이다. 왜냐하면 고등학생들에게 문제는 사회에 대한 하나의 표상을 강요하는 것이 아니라, 자신들이 자신과 자신을 둘러싼 사회적 환경을 스스로 만들어나갈 수 있다는 생각을 보여주는 것이기 때문이다. 개개인의 장래에 대한 자율적인 설계, 매우 상이한 출신들로 구성된 동료들과의 관계, 교사와 좀더 직접적인 의사소통, 도덕적 원칙 —타인에 대한 존중과 자유 —에 대한 집착은 경제적·행정적 단위로서의 학교에 대한 고전적인 분석을 넘어서는 것이다. 학생들의 시도는 분명 민주적이다. 왜냐하면 그것은 학생들의 시도가 여기에 참여한 학생들 스스로에 의해 만들어졌고, 그 담론은 모든 외적인 영향으로부터 자유로울 뿐 아니라 자신들의 나르시시즘과 독특한 문화에 둘러싸인 젊은이들의 체험, 즉 이제까지 대중매체와 다른 장애들에 의해 은폐되어 왔던 근원적인 체험을 드러내고 있기 때문이다. 특히 많은 학생들은 서로간의 차이에 대한 존중을, 그들 사이의 의사소통과 통합의 필수 불가결한 수단인 프랑스 언어에 대한 애착과 결합시키는 방법을 알고 있었다.

이 운동의 즉자성과 취약한 조직은 운동을 근원적인 의미를 결여한 양적인 요구들로 빠르게 축소시켜 갔다. 그렇지만 이 운동은 이미 자신의 주요한 목표에 도달해 있었다. 여론은 이 운동에 지지를 보냄으로써 자신이 교육에 대한 기존의 개념화를 근원적으로 개정하는 데 이미 동참하고 있음을 보여주었다. 이제 교육은 더 이상 교사가 학생들에게 습득케 하는 지식의 가치 혹은 교육계 그 자체의 규범 중 어느 한쪽에만 집중할 수는 없다. 교육은 학생들의 창조적인 자유를 위해 봉사해야 하며, 이를 위해 학생의 상황과 인격에 주의를 기울여야 한다. 그렇지 않으면 과장된 평등주의는 오직 학교 내의 불평등을 심화시키는 결과만을 초래할 뿐이다.

1968년 혁명 이래로 우리는 사회에 대한 객관적인 비판이 아닌 개인에 대한 전망에 근거하고 있는 요구들을 거의 들어보지 못하였다(1968년의 상황은 전혀 다른 맥락에 놓여 있었다). 물론 문제는 사회운동이다. 왜냐하면 사회운동은 자신의 실제적인 주장을 바탕으로 하고 있으며 또 창의와 혁신의 이름으로 교육체계와 그 경직성에 반대하는 투쟁에 근거하고 있기 때문이다. 이미 15년 전, 나는 '행위자의 복귀'를 원했고, 알렸었다. 고등학생들이 시위 ─ 비록 이들의 시위가 파괴자들의 선동에 의해 훼손된 면은 있지만 ─ 에서 보여준 행동을 집단 이기주의적인 방어 또는 현실의 모든

 어떻게 자유주의에서 벗어날 것인가

행동에 대한 전체적 · 이데올로기적 · 파괴적 거부로 축소시
키지 않으면서, 사회로 하여금 계획과 비판이 어우러진 이
들의 목소리를 듣게 했던 건 다름아니라 행위자들이었다.

논평

사회투쟁에 우호적으로 동참할 것을 요구하는 사람들(혹은
적어도 지지할 것을 스스로 선택한 사람들)을 비판하는 이
들에게 재비판을 가해 보자. 그들은 이렇게 질문한다. 왜
이런 운동에 전폭적인 신뢰를 보내는가? 이런 운동들 가운
데 어떤 것들은 기반이 취약하고 정치운동가들에 의해 이
끌어지며, 또 어떤 것들은 공화국에 의해 보증된 권리에 반
대하기보다는 그 폭을 넓히기 위해 행동했다는 이유 하나
만으로 중요하게 여겨지고 있지 않은가? 명실공히 사회문
제는 권리에 대한 반대가 아니라 권리의 무질서에서 생겨
나는 것 아닌가? 사회문제는 한편으로는 부패와 공론 속에
서 또 한편으로는 무관심과 무시 속에서, 즉 사회법규와 시
민정신의 전반적인 취약성 속에서 생겨나지 않는가?
　그러나 왜 그토록 다양한 현실을 서로 구분하지 않는가?
특히 왜 사회생활을 투쟁(비록 이러한 투쟁이 취약하다 할
지라도) 속에서 형성되는 권리나 정의의 관점이 아닌, 질서
의 관점에서만 바라보는가? 사실 불가피한 공적 개입의 두

가지 질서 사이에는 상보성이 존재한다. 사회운동으로 전화되지 못하고 단순히 거부만 표현하는 반대행위는 자제되어야 하며, 거대한 영향력을 가진 집단들의 지휘·감독 역시 자제되어야 한다. 여기서 후자는 훨씬 더 심각한 결과를 낳게 된다.

물론 공공부문을 정화시키는 조치에 큰 관심을 기울여야 하지만, 희생자들의 자기파괴적인 행위가 실질적인 집단행동 능력으로 전화되는 것에 대해서도 마찬가지로 관심을 기울여야 한다. 이 두 가지 목표를 동시에 추구하고자 했던 시도는 과거에도 여러 번 있었다. 그리고 오늘날 우리는 또다시 그러한 노력을 해야 한다. 어떤 이들에게는 법적 질서에 대한 위협이 주요한 위험으로 간주되고 있으며, 또 어떤 이들은 무엇보다도 사회적 유대를 억누르는 위협을 걱정한다. 그리고 또 어떤 이들(나 역시 이 부류에 속한다)은 일차적으로 사회운동과 새로운 행위자의 형성 필요성을 주장한다. 두려움의 정치, 거부의 정치, 후퇴의 정치 — 이러한 정치는 민족전선의 지지자들에게만 호소력을 가질 따름이다 — 에 이끌려 들어가지만 않는다면, 다양한 면모를 보이고 있는 현재의 위기에 맞서 투쟁하는 이 세 가지 방식을 서로 대립시켜야 할 그 어떤 이유도 존재하지 않는다.

 어떻게 자유주의에서 벗어날 것인가

4

사회적 좌파와 극좌파

4. 사회적 좌파와 극좌파

우리는 시련이 고되며 사람들의 정신을 혼란시킨다는 것을 잘 알고 있다. 실업률이 계속해서 치솟고 있었을 때, 경솔한 서생들은 날이면 날마다 되뇌었다. 국가 단위의 세력은 세계화된 경제에 대해 영향력을 행사할 수 없을 뿐 아니라 국가는 시장에 용해되어 버렸고 우리 사회는 하루가 다르게 빠른 속도로 유입되는 예측 불가능한 광범위한 변화들을 더 이상 감당할 수 없게 되었다고 말이다. 그래서 몇몇 논자들은 시장의 개방을 통한 자유화를 노래했고, 다른 논자들 — 극우파 혹은 극좌파 인민주의자와 일부 정치가들 — 은 낡은 국가는 파산했으며 따라서 너무 늦기 전에 새로운 유럽〔통합된 유럽〕에서 벗어나야 한다며 아우성을 쳐댔다.

실제로 유럽 단일통화의 탄생이 우리에게 강한 속박을 가져다 주긴 했지만, 우리를 사회 후퇴나 몰락으로 몰고 가지는 않았다. 하지만 여기에는 우리가 자신의 무력함에 대한 광적인 관념들을 격퇴해야 하고 금융위기의 폭풍으로부터(금융위기는 국가적인 기원을 갖는다) 자신을 방어해야 한다는 조건이 따른다.

어떤 국가는 국가상태가 '영양실조'로 죽어가는 것을 그대로 방치하고 있으며, 일본이나 한국이 그랬던 것처럼 또 어떤 국가는 놀라운 경제적 성공에도 불구하고 금융문제에서 심각한 모험을 하고 있다. 그 반대편에 위치해 있는 국가들, 특히 유럽의 국가들은 새로운 성장을 위한 수단을 만들어내면서 그와 동시에 빈곤과 불평등에 효율적으로 대항하고 있다. 그리고 마지막 유형인 미국과 같은 나라들은 갈수록 심해지는 불평등을 견뎌내기 위해 경제적 역동주의를 강화하고 있다. 이러한 반응의 다양성은 정치가 경제에 아무런 영향도 주지 않는 것은 아니라는 점을 보여준다.

우파와 좌파, 즉 공화국연합(RPR)과 사회당 모두 세계경제의 변화를 눈치채지 못하고 있던 70년대 중반부터 시작된 혼란과 두려움의 긴 터널에서 벗어나는 것이 무엇보다 먼저 필요하다. 1981년(사회당 후보인 미테랑이 대통령에 당선된 해—옮긴이) 좌파의 정치는 무책임으로 가득 차 있었고, 그때부터 우파 정부들이 그랬던 것처럼 좌파 정부들은 현실주의적인 경제주의 정책을 계속해서 채택한다. 하지만 세계화된 경제에 대한 적응이 사회보장 정책을 불가능하게 만드는 것은 아니라는 이야기를 국민의 대다수가 납득하지 못했고, 아마도 이 말을 했던 그들 역시 마찬가지였을 것이다. 다만 세계정세 호조의 덕을 보았던 로카만이 경제의 근대화, RMI의 창설, 세제의 근본적인 변화 그리고 심지어 베르나르 퐁(Bernard Pons)의 정치가 폭발 직전으로 몰고 갔던 스코틀랜드에 평화를 가져다주는 일까지 이 모든 것이 동시에 가능하다는 것을 보여주었다.

간단히 말해, 지금까지 우리는 둘 중의 하나를 선택할 수밖에 없는 것처럼 보였다. 하나는 실업의 정치, 저임금의 정치, 사회보장이 파괴되는 정치이며, 다른 하나는 부패와 무능 속에서 우리를 만성적 적자상태로 몰고 갔던 국가 관리경제를 어떤 대가를 지불하고서라도 유지하는 것이었다. 불가능한 과거와 용인할 수 없는 미래 사이에서, 어떻게 현재를 파국의 전야로 느끼지 않을 수 있었겠는가? 어떻게 십중팔구는 불가능했던 정치 전반을 끝까지 적대시하고 욕하지 않을 수 있었겠는가?

그렇지만 이러한 분위기가 변화되는 데는, 새로운 총리가 임명되고 그가 그때까지 양립 불가능해 보였던 것들 — 한편으로는 세계화된 경제의 수용과 유럽 경제공간의 강화, 또 한편으로는 거대한 사회계획의 발표 — 을 양립시킬 수 있는 보증수표처럼 보이는 것만으로도 충분했다. 그래서 양식과 지성 그리고 희망은 자신의 권리를 되찾는 것 같았고, 경쟁에서의 승리는 프랑스인들의 자신들에 대한 신뢰 회복을 확증했다!

그러나 항상 그렇듯이, 의식은 경험보다 늦게 온다. 멀리서 들려오는 어떤 시끄러운 소리는 늘 과거의 두려움을 반영하고 있었다. 그것은 사람들이 정치제도에 대한 신뢰의 상실을 극복하고 자유주의로의 이행에서 벗어날 출구를 찾으려는 노력도 없이 너무 쉽게 절망적이라고 이야기해 버리는 상황을 분석하는 데 있어서 우리의 무능력함을 말해 주는 것이었다. 그렇게 해서 유럽 국가들 ─ 덴마크와 네덜란드에서 포르투갈, 이탈리아 심지어 영국에 이르기까지 ─은 이미 새로운 정치를 구상하고 있었지만, 프랑스는 개방된 경제에서 새로운 사회·정치를 창안하는 것이 가능하지 않으리라는 생각을 여전히 갖고 있었다.

이 같은 정치적·지적 후진성은 그것이 우리로 하여금 현재 나타나고 있는 다양한 요구와 항의와 봉기 ─ 이것들은 기초가 확고할 뿐 아니라 새로운 사회운동과 정치세력을 탄생시켜야 하는 것이며, 그렇지 않고서는 우리의 대의제도가 수명을 이어가지 못할 것이며 우리의 민주주의 또한 계속 약화될 것이다 ─를 올바로 이해하지 못하도록 방해하지 않는 한, 그다지 관심의 대상이 되지 않을 것이다.

이러한 맥락에서, 공화국의 이름을 내세우는 일부 좌파는 불평등에 대한 투쟁보다는 질서를 더 근심하는 우파 쪽으로 선회한다.

정치가 사회현실에 영향력을 행사하지 못할 때 극단주의적인 운동이 형성되며, 이 운동은 유연한 중도주의와 대립하게 된다. 정치행동에서와 마찬가지로 사회투쟁에서도 이와 같은 분리는 부정적인 효과를 낳는다. 그러나 사회적 요구들의 정치적 수단이 사용 불능일 때, 극단주의의 권리는 인정될 필요가 있다.

우리가 프랑스적인 예외라 부르는 것은 사회상황을 이해하고 그 상황을 진전시키는 거의 선천적인 정치적 무기력으로 특징지어진다. 어느 누가 68년 5월의 학생들에게 퐁피두 정부의 프랑스를 기다리지 않았다고 비난할 생각을 하겠는가? 그러나 오늘날 극좌파의 존재이유는 사라져 버렸으며, 필요한 것은 사회적 항의와 정치적 행동의 필수 불가결한 만남을 위해 노력하는 것이다. 왜냐하면 이 양자의 분리는 우리를 무기력하게 만들고 우리를 금융자본주의의 광기 속으로 몰아넣어 버릴 것이기 때문이다.

오늘날 우리에게 필요한 것은 인민주의적 해석의 음울함을 떨쳐버리는 것이다. 이 음울함을 더 이상 영광스런 30년대도, 70년대 중반에 시작되었던 자유주의로의 이행의 시기도 아닌, 우리가 이제 맞이할 새로운 시대의 목표와 선택 그리고 행위자에 대한 진지한 분석으로 대체하는 것이다.

　내가 옹호하고 있는 해석은 혁명의 주술을 정부의 선한 의지에 대한 호소로 대체하려는 것이 아니다. 그것은 무엇보다 해방의 고유한 의지 그리고 불평등과 배제에 반대하는 투쟁을 통해 주체로서의 권리를 회복하려는 스스로의 의지를 대중운동들 속에서 발견하는 것이다. 반복하건대, 핵심적인 것은 통제할 수 없는 것처럼 보이는 세계화된 경제의 지배에 맞서 행동하려는 의지가 메아리치는 것이다. 심지어 최악의 상황, 특히 실업률이 치솟고 순응하는 이들에게 무기력함을 강요하고 강압적인 정치선동의 조작대상으로 이용될 것을 강요하는, 우리가 항상 이야기해 오던 그런 상황에서도 우리의 행동하려는 의지가 메아리치는 것이다.

　체류허가증 발급을 거부당한 상 파피에들과 인류학자 에마뉘엘 테레이(Emmanuel Terray)가 이끈 바티뇰 교회에서의 단식투쟁은, 스스로를 단순히 희생자로서뿐만이 아니라 자신들과 같은 처지에 놓여 있는 사람들과 그들의 존엄성을 소중히 여기는 능동적인 항의자로 바라보고자 하는 사람들의 행동의지를 표현한 것이었다. 이들 곁에서, 자신들의 행동과 자선사업의 편승자들을 비판했던 인도주의자들은 용기 있는 만큼 명석하기도 했지만 희생자들을 옹호하기 위한 ― 고통받고 폭력에 희생당하고 존엄성이 거부된 희생자들로 보이게 하기 위한 ― 간섭의 권리를 재확인했을 따름이었다. 똑같은 방식으로 (특히 텔레비전에) 에이즈 환자들을 비춰준 이들 그리고 장-폴 아롱(Jean-Paul Aron)처럼 환자들에게 병명을 알려주고 죽음이 임박했음을 말해 준 이들은 대중여론이 이 환자들을 드라마틱한 경험을 살아온 사람으로, 동정받기를 원하는 사람으로 간주하는 데 일조했다. 이미 19세기에 어떤 이들은 산업노동과 노동의 삶이 지닌 파괴적이고 천박한 특성을 폭로하는 것에 만족해했지만, 또 어떤 이들은 그 속에 존재하는 가능성, 대중교육과 노동조합의 형성을 통해 스스로를 행위자로 만들어낼 수 있는 희생자들의 가능성을 사고했다.

지배가 비인격화되고 총체화되면 될수록, 그에 지배되고 조작당하는 사람들의 무기력함은 그만큼 더 커지며, 정치적·이데올로기적 전위들의 소란스러운 개입 앞에서 사회운동의 이념은 점점 더 헛된 것처럼 여겨진다. 이런 식으로, 사회운동은 그 이름으로 이야기하는 이들에 의해 억압받고 사라진다. 그리고 극좌파와 중도우파 사이에는 더 이상 아무것도 존재하지 않는 것같이 보인다. 그러나 때때로 거부와 항의의 생성은 그 고유한 경험과 정체성뿐 아니라 그 보편적 권리들에 존재하는 인간에 대한 옹호를 강제한다.

점점 더 은폐되고 있는 지배를 폭로하는 담론과, 자본주의에 의한 비인격화에 반대하고 직업·문화·인생여정에 의해 정의되는 집단과 개인의 실제적이고 개별적인 경험에 호소하는 사람들 사이의 거리는 계속 확대되고 있다. 한편에서 볼 때 사회투쟁의 장은 제한되어 있는 것 같지만, 다른 한편에서는 그 장이 계속해서 점점 더 확장되고 있는 것처럼 보인다. 만일 경제가 세계화된다면, 방어의 운동 역시 세계화될 것이다. 왜냐하면 이 운동들은 삶의 경험에 호소하며 또 그 경험에 하나의 의미를 부여하고자 하는 욕망에 호소하기 때문이다.

대중운동과 정치적 개입에 대한 두 가지 해석형태 간의 대립은 결국 혁명과 민주주의의 대립의 필연적 귀결이다. 왜냐하면 혁명정신은 행위자들의 무기력함과 위기에 부여되는 중심적인 역할 그리고 지휘자로서의 전위(avant-garde)에 대한 호소에 근거하고 있는 데 비해, 민주주의 이념은 모든 남성과 모든 여성이 정치적 행위자 ─지배권력의 위력과 훼방에도 불구하고 책임 있는 행동을 할 수 있는 행위자─로 간주되기를 요구하기 때문이다.

그렇지만 누가 아직까지도 혁명을 믿고 그것을 바라는가? 정치적 행동이 자유로운 나라들에서는 소비에트 체제가 몰락하고 몇 년 사이에 혁명을 이야기하는 사람들이 거의 사라졌다. 90년대 초 암울했던 몇 년 동안, 우파와 좌파는 더 이상 구별되지 않았고 극심한 통화주의 정책이 사회당 소속 총리인 베레고부아(Pierre Bérégovoy)에 의해 이끌어졌던 것은 사실이다. 그러나 이것은 정확하게 정치상황이 변화한 데서, 그리고 유일 사상에 반대하는 장광설이 한편으로는 그 공허함을 드러내는 동시에 반민주적인 행동의 위험성을 증가시킨 데서 비롯되었다. 폭로를 중심으로 뭉친 사람들은 극단주의에 열중했는데, 이는 오직 극단주의만이 현재 진행되고 있는 변화에 대한 몰이해와 분석의 부재를 은폐시킬 수 있었기 때문이다.

우리는 지금 혁명주의자와 개혁주의자의 대립을 언급하고 있는 것이 아니다. 정말 중요한 문제는 혁명주의자와 민주주의자의 대립이다. 이것은 사회를 국가에 종속시키려는 사람들과 사회적 행위자들에게 자율성을 부여하려는 사람들 간의 대립이다. 극단적인 국가주의가 찬양받은 것은 특히 1995년, 특정한 이해관계의 추구에 의해 지배되는 특정 시민사회(특히 경제)의 공격에 저항하기 위하여 국가경제의 공공부문을 수호하는 것이 민주주의의 가장 중요한 과제로 부상했을 때였다. 얼마나 그로테스크한 장면인가! "경제위기를 악화시킨 것이 공기업의 퇴영주의와 부실경영 아닌가?" "다른 사람들에게는 강요되는 과도한 유연성이 특정 전문직종과 특정 관리방식에는 적용되지 않고 있는 것 아닌가?" "경제에 대한 국가의 제국주의, 관리경제의 여전히 강력한 힘이 오히려 일자리의 창조와 기술혁신을 어렵게 하는 데 일조하고 있는 것이 아닌가?"… 이 같은 질문조차 전혀 제기되지 않은 채, 크레디 리오네의 엄청난 손실과 고소득의 파일럿들이 벌인 에어프랑스 파업과 SNCF의 근원적인 적자구조 그리고 국립대학 학부과정 학생들의 높은 자퇴율, 여러 공기업의 부실경영 등이 갑자기 우리가 지켜야 할 보배로, 대중들의 빼앗길 수 없는 점령지로 탈바꿈하였다!

그렇다면 결국 시장이 자원을 마음대로 처분하도록 내버려두어야 할까? 분명히 그렇지는 않다. 우리에게 가장 필요한 것은 현재 수준 이상의 국가 혹은 현재 수준 이상의 시장이 아니라 오히려 그 이하의 국가, 그 이하의 시장이다. 그리고 경제의 강제성 및 가능성과 사회적 행위자들의 요구 혹은 저항 사이에 반드시 필요한 (그리고 계속적으로 변화하는) 관계가 스스로 구성되기 위해 뛰어넘어야 할 사회적 자발성 · 협상 · 계획 · 갈등 들이 현재 수준 이상으로 올라서는 것이다. '정치계급'이 대중들로부터 통렬하게 비판받는 데는 아무런 이유가 없는 것이 아니다. 국제적인 경쟁과 기술혁신의 충격에 의해 관리경제가 서서히 침식되고 있었지만, 이 과정에서 사실 의회나 노조, 수많은 공식토론들이 전혀 결정적인 역할을 담당하지 못했었던 것이다. 보다 방어적인 성격에서 보다 혁신적인 성격에 이르기까지 모든 사회적 투쟁은 넓은 의미에서의 정치의 장, 다시 말해 대중적 공간을 확장시키는 데 적극적이다. 이 같은 확장의 주요한 장애 가운데 하나가 프티부르주아 계급의 충견으로

탈바꿈한 지식인들이 주창하는 국가의 보다 적극적인 개입
에 대한 호소이다 — 이러한 호소는 외형적으로는 혁명적으
로 보이지만 실제로는 보수적이다.

우리가 지나온 격렬했던 시대가 허상은 아니었다. 공기
업들을 지키고자 했던 운동은 확실히 매우 중요한 것이었
고 그들의 항의가 소멸되어 버리지는 않을 것이다. 그러나
인민주의적 이데올로기들이 이런 운동의 현실적 의미를 표
현했다고 간주하는 것은 잘못된 시각이다. 사실은 그 반대
였다.

양차 대전 이후의 사회경제 체제를 파괴하고 약화시켰던
자유주의로의 긴 이행에서 벗어나기 위하여, 유럽 국가들
내에서는 새로운 질문과 요구를 재조직화하려는 노력이 더
욱더 가시화되고 있다. 그러나 이것은 과거를 향한 행동일
수도 있으며 — 따라서 이미 그 상당 부분이 현실화되어 있
는 사회적 · 경제적 진화에 대한 단순한 저항의 형태일 수
도 있으며 — 혹은 그 반대로 미래를 향한 행동일 수도 있
다. 극좌파 정당의 구성 혹은 존속은 이미 낡아버린 과거의
해결책을 다시 강조하는 것이다. 우리는 그것을 스페인의
IU(Izquierda Unida)에서 확인할 수 있으며, 다른 방식으로
는 프로디(Romano Prodi) 정부를 붕괴시켰던 이탈리아의
RC(Rifondazione Comunista)에서 또는 프랑스에서는 마르
셰(Georges Marchais)의 충복들에게서 확인할 수 있다.

두번째 해결책은 정치적이기보다는 사회적인 극좌파의 구성인데, 그들 역시 파국을 향해 치닫고 있다. 매우 소란스럽게 등장한 이들 사회적 극좌파는 자신들이 최근의 대중운동의 상당 부분을 구현하고 있다고 주장했다. 그러나 그들은 비록 강한 집단적 경험에 뿌리박고 있긴 하지만 아직 생성되지 않은 운동에 대한 하나의 이데올로기적 해석을 제시하고 있을 뿐이다. 그들은 기존 좌파를 공격하고 있지만, 필연적으로 극좌파의 정치운동에 합류하게 될 것이다. 더욱이 이 운동은 매우 불안정할 수밖에 없는데, 그것은 스페인의 경우와 달리 이들이 트로츠키주의 계열의 다양한 분파와 녹색당의 일부, 공산주의 이념을 가진 정파 등 상이한 지향과 조직들로 구성되어 있기 때문이다.

이들 두 가지 방식과 대립되는 또 하나의 해결책은, 위기로부터 벗어날 능력이 없음을 스스로 보여주었던 우파에 대한 반대를 가장 시급한 문제로 간주하면서 좌파연합 정부에 절대적인 신뢰를 보내는 것이다. 이런 방식의 해결책은 앞의 두 가지 방식보다 더 받아들일 수 없다. 그 이유는 무엇보다도 사회당 정부가 경제의 경쟁성과 사회의 개혁이 양립 가능하다는 것을 주장하고 또 증명하면서 다수의 지지를 획득했지만, 배제된 이들로부터 생겨난 운동에 대해서는 귀를 막고 있음을 스스로 보여주었기 때문이다. 아마도 선거에서 표가 떨어져 나갈 것을 우려해서 그렇게 했는

지도 모르지만, 여기서 중요한 것은 이러한 행태가 좌파를 정확하게 우파처럼 행동하도록 몰고 갔던 공화주의적 사고의 이름으로 이루어졌다는 사실이다.

이웃 나라들과 마찬가지로, 프랑스는 실업과 〔비록 직업이 있다 하더라도〕 불안정한 일자리로 완전히 상처투성이가 되었고 대중여론, 특히 중간계급의 여론과 위기의 주요 효과들에 의해 상처받은 이들이 정부가 자신들의 권리를 요구하는 운동에 위협을 느끼는 계층들의 여론에 민감하다는 것을 알아차릴 수 있을 정도로 몹시 취약해져 있다. 그러나 알아차린다는 것이 허용한다는 것은 아니다. 따라서 현재의 상황에 들어맞는 단일한 해결책을 내놓을 필요가 있다. 그것은 사회적 행위자들의 형성이다. 이들은 비록 고립되고 간헐적으로 존재하지만, 어느 날 현재의 분열상태에서 벗어나게 될 우파에 반대하여 좌파정부를 절대적으로 지지하면서도 동시에 그 정부에 강한 압력을 행사할 수 있는 유일한 집단이다. 나아가 현재 우파는 분열되어 있는 상태이지만 정부에 대한 좌파의 비판은 훨씬 더 거세어질 수도 있다는 것, 따라서 프랑스 사회는 정치적 행위자로서의 사회적 행위자들이 사회적 정치를 재건하면서 자유주의로의 이행과정에서 완전히 벗어나게 할 수 있는 역할의 가능성을 가지고 있다는 것을 인식할 필요가 있다.

앞으로 사회운동은 어떤 형태를 띠게 될까? 분명히 이전의 노동운동과 같은 형태는 아닐 것이다. 왜냐하면 사회적 행위자들은 정치행위와 사회운동의 불가피한 관계를 주장하면서도 그와 동시에 양자의 분리의 필요성을 인식하고 또 요구하고 있기 때문이다. 그러므로 이 운동들이 사회민주주의 정당의 창당으로 나아가는 일은 없을 것이다.

사회적 행동과 정치행위의 분리가 수반하는 직접적인 결과는, 정치행위는 본래 조직적인 통일성을 가지고 있는 데 — 왜냐하면 정치행위에서 문제는 권력에의 접근을 준비하는 것이기 때문이다 — 비해, 사회적 행동은 그렇지 못하다는 점이다. 그 반대로, 오늘날 사회운동은 불연속적인 **캠페인들**, 즉 많은 이들이 하나의 사회운동의 존재를 부인하고 다수의 환원될 수 없는 갈등과 목표를 믿고 있을 정도로 서로 분리되어 있는 **캠페인들**에 의해 움직이고 있다. 따라서 행위자 스스로가 — 그리고 지식인들 역시 — 이 캠페인들의 공통된 지향과 근원적인 통일성을 제창해야 한다.

국가 스스로가 지배적인 경제세력들에게 봉사하고 있는 한, 이 캠페인들은 무엇보다도 국가와 대립한다. 이 운동들 전체의 사회적 목표는 개인주의이다. 지배세력은 이것을 시장에 대한 구매자들의 자유로 해석하지만, 지배세력과 대립하는 운동들은 이것을 모든 이들에게 동등한 권리가 부여된다는 조건 아래서 모든 개인과 집단의 독자성에 대한 권리의 주장, 자결(自決)로 정의한다.

 어떻게 자유주의에서 벗어날 것인가

조직화된 사회적 개입과 국가결정 사이의 공간은 시민과 국가의 중계자 역할을 하는 정당들에 의해 오래 전부터 점유되어 왔다. 이 중계가 항상 잘 이루어지는 것은 아니라는 사실이 대의제 민주주의를 포기해야 하는 이유가 될 수는 없다. 차라리 이와 같은 중계를 통해 사회적 현실에 다가갈 수 없다는 것을 그리고 조직화된 사회적 행위는 거의 대부분 정치체제의 외부에 존재한다는 것을 인정하는 편이 낫다. 사회운동에 대한 우리의 정의는 다름아니라 본래 그 운동이 정치세력으로부터 독립적이라는 것을 가리킨다. 과거에는 지금과 상황이 전혀 달랐다. 국가의 맞은편에는 이성의 이름으로 혹은 심지어 인민의 이름으로 — 하지만 그들은 인민으로부터 멀리 떨어져 있었다 — 발언했던 귀족과 성직자들만 존재했었다. 하지만 이 이중적 과두제 — 권위적인 국가의 과두제와 고위 성직자의 과두제 — 는 비록 몇몇 성직자들이 발언과 의미를 독점하기를 원했음에도 불구하고 지금은 더 이상 존재하지 않는다.

오늘날 국가는 사적·공적 생활의 모든 영역에 개입하며, 공적인 여론은 더 이상 몇몇 해석가들의 견해로 제한되지 않는다. 이 공적 여론은 특히 여론조사와 언론매체에 의해 인구 전체로 확장된다. 언론매체는 중립적이지도 않지만 지도권력에 종속적이지도 않다. 『르 피가로(*Le Figaro*)』 (프랑스 우파 신문)와 『리베라시옹(*Liberation*)』(프랑스 좌파

신문)에서 그리고 〈프랑스 2(France 2)〉(프랑스 국영방송)와 〈카날+(Canal+)〉(상업 케이블방송)에서 동일한 사고가 표현되고 있지는 않다. 더욱이 연구자들에 따르면, 텔레비전의 메시지는 일반적으로 단순하며 시청자들에 따라 매우 다양한 방식으로 받아들여지고 해석된다. 왜냐하면 각각의 시청자들은 송출된 메시지를 각각의 독자적인 방식으로 포착하기 때문이다.

언론매체에 접근하는 태도 가운데 명백하게 잘못된 태도 세 가지가 존재한다. 첫째는 가능한 한 '객관적'으로 '사실들'을 보도해 줄 것을 요구하는 것이다. 이 요구는 부정확한 것이라고 할 수 있는데, 그것은 우리가 텔레비전에서 보는 프로들은 — 교수들의 모든 강의와 마찬가지로 — 사실을 소개하는 것만으로 만족하지 않기 때문이다. 이 사실들에 생명을 불어넣는 담론은 여러 선택에 따라 구성된다.

그렇다고 해서 언론매체가 기자들의 여론과 이들의 집단적 이해관계를 표현하고 있다고 이야기할 수는 없다. 왜냐하면 이들 기자들의 여론은 다양하며, 그 이해관계 역시 천차만별이기 때문이다.

세번째 태도의 해석에 따르면, 언론매체는 전적으로 권력에 봉사하고 있다. 이 시각에 의하면, 언론매체는 현실의 사회적 행위자들이나 사회적 상황에 대한 보도를 삭제하는 방식으로 그리고 이들이 전달하고자 하는 메시지의 전후

 어떻게 자유주의에서 벗어날 것인가

맥락을 끊어버리는 방식으로 뉴스를 선별하고 대신 오락 프로그램을 선택한다. 이 같은 시각은 앞의 두 견해와 마찬가지로 진실의 부분과 오류의 부분을 다 내포하고 있다. 사실 다른 모든 형태의 대중적 공간과 마찬가지로 언론매체의 공간은 권력관계와 문화적 변화 그리고 전문화 과정(혹은 성역화 과정)에 의해 관통당하고 있다. 이것들간의 차이는 공간의 본질적인 특성이 아니라 공간의 규모에서 비롯된다. 18세기의 철학자들이나 19세기의 정치논객들 그리고 20세기의 지식인과 기자들은 창조적인 방식으로 새로운 이념과 감성을 확산시켜 나갔다. 하지만 이들은 자신들의 분석방식과 표현방식을 남용했고, 결국은 권력의 상황이나 일부 대중여론에 의해 행사되는 압력에 종속되었다. 일반적인 정치활동 — 정당에서 노동조합에 이르기까지 그리고 이들에서부터 시민들의 연합체에 이르기까지 — 과 마찬가지로, 언론매체의 공간에는 갈등이 가로지르고 있다. 즉 이 공간은 전적으로 정치적인 견해보다는 문화적인 혁신 속에서 훨씬 더 자유롭다. 그러나 이 공간이 지배세력의 메가폰으로 전락하는 일은 결코 없겠지만, 언제나 지배의 관계에 종속되어 있는 것은 사실이다.

언론매체가 존재하지 않는다면, 편재하는 국가와 가속화되는 사회적·문화적 변화에 의해 끊임없이 움직이는 대중 간의 몰이해와 충격은 훨씬 더 심해질 것이다. 만일 전체주의 국가에서처럼 언론매체가 지배자 혹은 개인 혹은 대중의 수중에 완전히 장악되어 있다면, 그것은 모든 신뢰를 상실해 버릴 것이다. 이와 같은 상황 밖에서 언론매체는 공적 체제와 사회적 활동의 불균등한 만남의 장소이며, 다양한 이념과 여론과 이해관계가 불균등한 방식으로 끊임없이 대결하는 장소이다.

언론매체에 대한 일반적인 비난은 오직 하나의 의미만 가질 수 있을 뿐이다. 즉 단지 소수의 사람만이 대중여론을 전달하고 사건의 의미를 정의하는 절대적 권리를 향유하고 있다는 것이다(이때 그들은 신, 민족 혹은 과학의 이름으로 이야기한다). 이 같은 후진적인 행위는 강한 억압을 통해서만 가능할 것이다. 왜냐하면 '사람들'은 비록 자신들이 접하는 프로의 불유쾌한 지향이나 낮은 질에 대해 자의적으로 불평을 늘어놓긴 하지만, 자신들이 전적으로 조작되고 세뇌당한다는 것은 추호도 생각하지 못하기 때문이다. 사회운동이나 모든 형태의 투쟁들은 언론매체를 활용하는 법을 습득하기 위해 충분히 숙고하고 있다.

현 상황의 다양한 의미들을 구분해 내고 또 독자적인 — 특히 저항적인 — 사회적 행위자들이 자리매김될 수 있는 지점을 정의하기 위해 현재의 상황을 분석하는 일보다는, 사회적 삶 혹은 언론매체 속에서 나타나는 이른바 절대적 지배에 대해 폭로하는 일이 더 쉽다는 것은 명백하다. 여기

 어떻게 자유주의에서 벗어날 것인가

서 중요한 것은, 사회적 투쟁 그 자체로서의 언론매체와 관련하여 우리가 다음 세 가지 입장들간의 대립에 직면해 있다는 사실을 확인하는 일이다.

우선 지나치게 비관적인 사고인데, 이들은 지배세력의 폭압적인 결과를 곳곳에서 경험하고 있으며 행위자들에 대한 그 어떤 행동공간과 자율적인 표현공간도 인정하지 않는다. 두번째는 지나치게 낙관적인 입장으로서, 오직 법과 질서만 믿을 뿐 외부의 어둠 속에서 이에 순종하지 않는 사람들은 거부해 버린다. 끝으로 세번째는 내가 주장하는 것인데, 정치의 장과 언론매체의 장이 결코 사회 지배세력이나 국가의 개입으로부터 독립적이지는 않지만 자율성이나 주도권도 박탈당한 것도 아니라는 사고이다. 이 마지막 입장을 전적으로 거부하는 사람들이 있다면, 그들이 어떻게 민주주의를 믿을 수 있을 것인가?

세 좌파와 하나의 정부

자유주의에 대한 환상의 종말은 우파를 쇠퇴시키고 그들의 지향을 상실시켜 버렸다. 이와 동시에 우파는 선거에서 참패함으로써 극우파인 민족전선과 협력할 수도, 협력하지 않을 수도 없는 진퇴양난의 지경에 빠져 무력화되어 버렸다. 따라서 논리적으로는 현재의 우파와 좌파 간의 논쟁은 그 대립양상이 그다지 첨예하지 않다. 사실은 이보다 세 부류의 좌파의 성격을 명확히 하기 위한 두 가지 논쟁이 당면 문제이다.

가장 의외의 논쟁은 사회적 역동성을 혼란·무질서·위험으로 판단하면서 사회적 역동성보다는 사회적 질서와 제도의 원활한 작동에 우선권을 부여하기를 바라는 이들과 그 반대로 사회적 행위자들과 이들의 갈등 및 상황에 우선권을 두기를 바라는 이들 간의 대립이다. 전자는 스스로를 공화주의자라고 일컫는데, 이들의 수는 점점 더 늘어나고 있으며 또 우파의 문장 — 물론 어느 정도 개화되어 있긴 하지만 무엇보다도 법과 질서의 존중에 대한 염려로 가득 차 있는 우파의 문장 — 으로 착각받을 수 있는 텍스트를 출간할 정도로 대담해지고 있다.

이들의 힘은 갈수록 더 심해지고 있는 극좌파의 비현실주의에서 유래하는 것 같다. 이들 극좌파는 좌파의 좌파 혹은 좌파의 좌편향을 자처하고 있는데, 내가 보기에는 두번째 형식화 — 좌파의 좌편향 — 가 가장 정확한 것 같다. 왜냐하면 '좌파'는 정치적 용어이지 사회적 용어가 아니기 때문이며, 극좌파는 정부, 즉 유일 사상을 매도한 피고에 반대함으로써 스스로의 성격을 정의하기 때문이다. 많은 사람들이 유일하게 극좌파만이 실업과 불안정한 삶이 엄습한 나라에서 현실주의적인 방식으로 이야기하고 있다고 믿는다. 하지만 사실 그들은 무엇보다도 공공부문을 수호하기 위해 움직이고 있으며, 또한 부실한 국가 관리시스템에 대한 비판이 필연적으로 광포한 자유주의로 귀결되는 것도 아니다. 솔직히 말해, 이 극좌파 지식인들이 근거하고 있는 '인민'은 점점 더 하나의 이데올로기적 대상과 유사해지고 있다.

공화주의자와 극좌파 인민주의자 사이에 실제적인 공간이 존재하는가? 원칙적으로 이 대답은 아마도 긍정적일 터이지만, 실제적인 면에서는 대답이 망설여질 수밖에 없다. 앞에서 나는 과거의 북아프리카 이민2세들처럼 그리고 과거와 현재의 여성과 환경론자들처럼 오늘날의 상 파피에와 동성애자들이 평등과 차이를 동시에 옹호하면서 소수의 문화적 권리에 대한 승인을 요구하는 운동을 형성해 냈다는 것을 보여주었다. 중도좌파 혹은 중도우파에 정착하고 있는 유럽 국가들의 경향이 지금의 정확한 현실이라는 것을 인정할 필요가 있다. 이 정부들은 곳곳에서 사회적 목표와 정치적 목적을 결합시키려고 노력하고 있다. 오늘날 우파와 좌파를 구별하려 애쓰는 사람들이 얼마나 우스워 보이는가! 이 정부들이 단지 공화주의적(이 단어의 현재적인 의미에서)인 것만은 아니다. 그들은 사회개혁을 추진하고 있으며, 강화된 유럽의 통일성은 자크 들로가 구상했던 사회적 유럽을 진전시킬 것이다. 그러나 여기서 요구되는 것은 사회적 행동이 아니라 정치적 행동이다. 다른 한편 최소한 프랑스에서 우리는 극좌파의 시위들이 일어나고 있는 것을 보았다. 설령 사람들이 이것은 프랑스 사회의 위기와 저항을 잘못 해석했기 때문이라고 생각할지라도(나 역시 그렇게 생각한다), 이 시위들이 계속 벌어지고 있는 것이 현실이다. 그렇다면 다음과 같은 질문이 제기된다. "점차 중도주의로 흐르고 있는 공화주의자와 이 극좌파 사이에, 중도좌파 정부와는 다른 그 무엇이 존재할 수 있을까?"

지금까지 나는 몇몇 사회·문화 운동을 언급했다. 이 운동들이 불충분하고 불연속적이며 종종 외부의 지지에 의존적이라는 것을 승인하자. 따라서 나는 평등과 차이를 동시에 요구하는 이 **사회적 좌파**가 조직적이기보다는 확산적인 형태로 존재한다는 것을 인정해야 한다고 본다. 여론조사들은 이 사회적 좌파를 사건으로 다루지 않고 그들에게 가치를 부여하고 있다. 비록 이 사회적 좌파는 정부로부터 소외되고 있지만, CFDT와 마찬가지로 사회주의 의원들 사이에서 그리고 특히 많은 단체들로부터 강한 지지를 받고 있다. 사회적 좌파는 크고 작은 정당 혹은 극좌파 파벌들 속에 존재하는 것이 아니라, 정치적 표현이 거의 배제된 시민사회 바로 그 속에 존재한다.

나는 이들이 스스로를 인정하고 행동하는 것을 돕기 위해 이 장을 쓰고 있다.

사회적 좌파가 무엇인지 이해하기 위한 가장 간단한 방법은 극좌파와 비교하는 것이다. 이 두 좌파—사회적 좌파와 극좌파는 이념의 갈등에 의해 그리고 전통적인 행동들의 갈등에 의해 서로 분리된다. 극좌파는 희생자들의 자주적인 행동을 위한 공간이 전혀 주어져 있지 않은 용어들을 가지고 권력과 지배에 대해 이야기한다. '프롤레타리아들'의 임무는 단지 지배체제의 모순을 폭발시키는 것일 뿐이다. '국가'에 근거해서 혹은 '국가'를 독점함으로써 희생자들 속에서 지배의 의미 그리고 지배와 투쟁하는 의미를 드러내고자 하는 정치지도자와 지식인들에게 그것은 혁명적 행동의 논리이다.

반대로 사회적 좌파는 사회운동이 사회적 현실과 권리에 대한 능동적 방어를 중심으로 형성된다는 생각에 근거하고 있다. 예전에는 국민과 왕이 대립했고, 얼마 전까지는 노동자와 고용주가 대립했다. 지금의 문제는 모든 이들(특히 소수)의 문화적 권리를 방어하는 것이며, 시장에 의해 지배되는 대중문화의 기치 아래 혹은 공동체주의적 권력의 기치 아래 기도되고 있는 강압적인 동화에 대항하는 것이다. 이러한 옹호와 제안의 행동은 자율적으로 존재할 수 있으며, 따라서 정치적 결정에 직접적으로 영향력을 행사할 수 있다. 이 행동은 폭로하는 것만으로 만족하지 않는다. 이 행동은 희망에 의해 잉태되고, 따라서 이들의 사고는 민주적이다.

소비에트 체제와 제국이 몰락하고 10년이 지난 지금, 우리가 살고 있는 사회의 형태에서 혁명적 사고는 미약한 소수에 의해서 유지되고 있을 따름이다. 그에 비해, 민주주의가 정치적 영역에서 사회적 문제(이는 어렵고도 더딘 과정이었다)로 그리고 오늘날 문화적 민주주의(이것은 우파와 마찬가지로 좌파에 대한 강한 저항과 계속 조우한다)로 확장되는 것은 정치적 활동의 중심 목적인 것처럼 보인다. 이런 점에서 극좌파만이 대중운동에 관심을 가지고 있다고 주장하는 것은 굉장한 역설이다. 사실 극좌파가 경제의 세계화에 반대하여 공공경제를 옹호하는 것에 온통 몰두하고 있을 때, 실업의 위험에 가장 많이 노출되어 있는 노동자들을 방어하고 동시에 소수의 문화적 권리를 승인시키려고 노력하는 것은 다른 좌파이다. 이 반대를 믿게 하기 위한 몇몇 사람의 끈질긴 선전은 현실의 명증성 앞에서 결국 실패하고 말 것이다.

5

두 개의 정치적 대안
제3의 길과 '2$\frac{1}{2}$의 정치'

5. 두 개의 정치적 대안
제3의 길과 '2½의 정치'

1995년 가을, 경제적 상황과 조화될 수 없는 사회적 요구와 합법적인 사회적 이해관계를 파괴하는 것으로 보였던 경제 정책 사이의 점증하는 모순은 마침내 근본적인 위기에 봉착했으며, 사회정책이 존재하지 않는 정부와 방어적 태세의 공공부문 간의 — 절망적인 것처럼 보이는 — 대결로 치달았다. 대중여론이 1995년 파업에 대해 보낸 지지는 당시의 경제적 목적과 사회적 요구가 상호 조화를 이룰 수 없는 것으로 보였음을 나타낸다. 이것은 프랑스 사회의 끝없는 사기저하와 이 사회의 필연적인 몰락에 대한 생각을 떨쳐버릴 수 없었음을 의미한다. 사람들은 만일 유럽화폐가 만들어진다면 그리고 자신들이 경제의 세계화에 떠밀려간다면, 머지않아 임금이 삭감되고 사회보장제도가 파괴되고 실업과 삶의 불안정성이 확대되는 것을 보게 될 것이라고 생각했다. 모든 위협은 완벽하게 현실이었다. 영국에서는 이 같은 현실이 거대한 힘을 가진 실체로 존재하였고, 독일 경제의 지도자들 대부분은 이 현실을 긍정적인 진화로 간주하였다. 그러나 이러한 위협을 인식하는 것과, 국제화되어 버린 경제를 국가적 차원에서 움직일 수 있는 수단은 물론 그 어떤 해결책도 우리에게 존재하지 않는다는 비관적인 결론 간의 차이는 엄청나게 큰 것이다.

오늘날 결국 우리는 공백으로 빠져들기 전 마지막 순간에 좌파정부에 권력을 쥐여주었고, 좌파정부는 첫 출발부터 자유주의 경제정책과 주의주의적인 사회정책을 동시에 이끌어나갈 필요성과 가능성을 단언하였다. 당시 '시장에 의한 사회'를 순진하게 신봉하고 있던 사람들은 세계 여기저기서 터져나오고 또 미국과 유럽에 다가오고 있던 금융위기의 파괴적인 효과 앞에서 스스로 고립되어 버렸다. 이미 몇 년 전부터 자유주의 정책의 가장 능동적인 선전가들, 세계은행과 국제통화기금은 그 지도자들의 목소리를 빌려 시장이 즉각적으로 통제할 수 없는 내부의 혼란과 외부의 위협에 맞서 국가 개입능력을 강화할 필요성을 강조해 왔다. 이러한 조건들 속에서 명백하게 드러난 것은, 만일 사회를 운영하는 낡은 국가 관리체제를 청산해야 한다면 우리에게 필요한 것은 자유주의적 해결책이 아니라 국가의 역할을 우리 사회질서의 변화에 대한 예측자로서, 매개자로서 그리고 주도자로서 재정의하는 것이라는 사실이었다.

자유주의와 공산주의 사이에서 제3의 길을 추구하는 것이 더 이상 문제가 아니라는 점은 명백하다. 왜냐하면 공산주의는 이미 몰락했으며, 자유주의는 비록 아직까지 국가의 개입을 거부하는 사람들에게 참조의 모델로 남아 있긴 하지만 세계적인 금융위기의 무게 아래서 그 날개가 꺾여버렸다. 우리가 지금 살펴보려는 중간의 길들은 원래의 모습보다도 훨씬 더 주의주의적인 자유주의와, 프티부르주아의 이익을 위해 경제를 약화시키는 공기업과 개입의 무게에 짓눌려버린 사회민주주의 사이에 존재하고 있다.

'제3의 길', 이 표현은 사회학자 기든스의 영향 속에서 토니 블레어 영국 총리의 깃발이 되었고, 지금은 독일의 슈뢰더 총리 또한 그 뒤를 따르고 있다. 영국 총리는 심지어 뉴욕에서 클린턴 미국 대통령과 프로디 이탈리아 총리가 참석하는 토론회를 개최하기도 했다(여러 가지 이유로, 이 토론회의 참석자들은 진정한 지지를 보내지는 못했다).

문제는 무엇인가? 무엇보다도 문제는 사회보장정책을 사회조직의 유연성과 행위자들에게 주어진 솔선의 능력을 동시에 전제하는 자발성의 정책으로 대체하는 것이다. 이 같은 정치적 개념화는, 몰락을 지연시키기는 하지만 재건에는 도움이 되지 않을 뿐 아니라 심지어 어렵게 만들 수도 있는 복지국가의 쇠퇴에 대한 응답이다. 서구 인구의 20~25%에 이르는 반(半)실업자들이 영국이나 미국식 파트타임과 임시노동으로 그리고 프랑스식 사회보조금으로 살아가고 있다. 제3의 길을 신봉하는 사람들은, 가장 취약한 부분들을 방어해야 하는 것은 사실이지만 그것은 자발성을 발전시키고 일자리의 창출을 가로막는 경직성을 제거함으로써만이 가능하다고 생각한다. 대중의 교육 및 건강 정책에 중요성을 부여하는 블레어의 정책은 경제적 목표와 사회적 목표를 결합시킨다는 장점을 가지고 있다. 그러나 대처 정부 이후 영국에서 중도좌파로 모습을 드러내고 있으며 사회자유주의라는 이름을 가진 이 해결책은 사회주의적 정책에 의해 교정된 자유주의를 사상의 축으로 채택하고 있다. 우리는 이러한 해결책이 행동의 수단들을 가진 사람들만 대처할 수 있을 뿐이며 그렇지 못한 사람들에게는 적용되지 않는다고 비난할 수 있으며, 또한 밖에 존재하는 사람들의 사회적 복귀에 힘쓰기보다는 이미 안에 들어와 있는 사람들만 위하고 있다고 비난할 수 있다.

그러나 또 다른 중간의 길 — 공무원과 공익서비스 종사자, 정년퇴직자 그리고 국가보조금으로 살아가는 사람들의 이해관계에 대한 옹호를 허용한다 할지라도, 프랑스 정치

 어떻게 자유주의에서 벗어날 것인가

의 상투적인 문제들에는 빠지지 않을 — 그런 길이 존재하는가? 만일 자유주의(해결책 1)와 과거의 사회민주주의(해결책 2)를 모두 거부해야 한다면, 결국 토니 블레어의 제3의 길만이 하나의 해결책으로 남는 것이 아닌가? 나는 유럽 사회주의의 역사에 기대어, 낡은 사회민주주의와 제3의 길 사이에 존재하는 2½의 길을 제안하고 싶다.

내가 제안하고자 하는 길을 토니 블레어의 프로그램과 관련하여 정의해 본다면, 이 길은 배제된 이들과 소외된 이들의 사회적 재통합을 우선적으로 고려한다. 재통합은 경제적 수단을 통해서 이루어질 것인데, 이는 금융과 재정의 문제들로 인해 오래 전부터 우선권을 박탈당해 온 생산과 고용의 증대에 그 권리를 되돌려주는 것을 의미한다. 성장과 고용의 밀접한 상관관계를 다시 한 번 환기시킬 필요가 있을까? 국제시장의 상태보다는 다른 요인들의 성장이 호전되기를 기다릴 수는 없을까? 현재로서는 세금을 낮추고 고용창출의 활동들을 강화하면서 혹은 혁신을 향한 교육을 지향하면서 내부의 소비를 증대시키고 구매력을 확대시키는 것이 필요하다. 제2차 세계대전 직후, 라틴아메리카의 국가들은 국제시장이 오랫동안 특권을 누리던 시기는 막을 내리고 '내재적' 성장의 거대한 시기가 도래한다는 것을 알고 있었다. 물론 오늘날 문제는 국경의 빗장을 걸어 잠그는 것이 아니라, 외부에 대해 개방된 사회의 내구성과 경쟁성이라는 내적 요소들이다.

예를 들어 라틴아메리카의 발전이 사회적 불평등의 축소와 공무원, 특히 경찰을 부패시키는 폭력과 타락에 대한 투쟁을 거치지 않고 진행되는 것을 상상할 수 있을까? 프랑스의 경우에는 국가기구의 복지부동과 부서 이기주의를 근절시키는 것이 필요하며, 더 중요하게는 고용을 창출하는 부문들을 장려하고 소비를 활성화시키고 경제적 활력의 필요성에 대한 교육을 채택하는 것이 필요하다.

물론 서구의 사회민주주의와 소련의 볼셰비즘의 중간에 위치하는 중부유럽식의 2½의 길은 민족문제에 대한 반성 외에는 별 커다란 성과를 거두지 못하였지만, 그럼에도 불구하고 그들의 경험은 우리가 다루고 있는 문제를 좀더 잘 이해하는 데 도움을 줄 수 있을 것이다. 사실 제3의 길이 중도우파로 정의될 수 있다면, 2½의 길은 중도좌파를 (새로이) 정의하기 위해 노력한다. 이와 같은 시도는 프랑스가 아직도 새로운 사회민주주의적 퇴영주의와, 생산과 분배를 동시에 고심하는 좌파의 정치 — 즉 내가 2½의 길이라 부르는 것 — 사이에서 망설이고 있는 만큼 중요하면서도 어려운 작업이다.

이 두 가지 길(제3의 길과 2½의 길)간의 혹은 더 간단하게 말해 중도우파와 중도좌파 간의 대립은 역설적으로 보일 수 있다. 대처 여사의 자유주의 정치로 인해 혼란에 빠진 영국은 보다 더 좌측으로 진로를 변경했어야 했던 데 비해, 자유주의의 이행과정에 들어서기를 계속 망설이고 있었던 프랑스는 국가관리라는 구식 형태를 청산하고자 했어야 옳았다. 그렇지만 결과는 반대로 진행된다. 영국은 유럽 내 금융의 중심지라는 역할과 세계화에 우호적인 정치를 향한 런던과 뉴욕의 밀접한 동맹에 의해 이끌어진 반면, 프랑스는 자유주의 정책을 다루는 것을 목적으로 국가 내부에 형성된 이해집단들의 영향력에서 여전히 벗어나지 못하고 있다.

이상과 같은 경우들은 우리에게 두 가지 길 사이를 가르는 경계선을 보여주고 있다. 한쪽에서는 시장에 대한 국가의 적응이 우선적으로 요구된다. 즉 경제계획과 연결된 교육정책과 보건정책으로 구성되는 관리경제의 남은 흔적을 파괴하는 것에 대한 국가의 적응을 요구하고 있다. 그리고 다른 한쪽에서는 국가와 사회적 요구의 동맹이 세계경제의 침략적인 세력에 저항하고 있다. 중도우파와 중도좌파의 대립에 대해 더 나은 정의가 존재할까? 물론 이 두 해결책은 심각한 문제들로부터 항상 위협받고 있다. 우파의 경우에는 사회적 불평등과 배제의 허용, 국가와 결합된 계층들에 대한 과잉보호 등이 문제이다. 반복컨대 프랑스는 두 개의 전선에서 싸워야 한다. 프랑스는 여전히 자유주의적 이행과정에 들어서기를 망설이고 있지만 사실은 이미 그곳에서 빠져나왔어야 했다. 따라서 프랑스가 중도우파의 정책과 중도좌파의 정책, 즉 자유주의화 정책과 배제에 대항하는 정책을 동시에 취해야 하는 것은 사실이다. 그러나 프랑스 역사와 최근 몇 년 동안의 교훈은 프랑스가 반(反)자유주의적 개입들, 다시 말해 중도좌파의 정책에 우선권을 부여하는 쪽으로 나아갈 것을 요구하고 있다. 물론 이러한 진행은, 이 개입들이 경제적 근대화라는 목표와 사회정의라는 목적을 결합시킨다는 조건 아래서 이루어져야 한다.

중요한 것은, 유럽 국가들의 경제적 · 사회적 정치가 이 두 가지 전략 사이에서 점점 더 현실주의적인 선택에 의해 정의된다는 점이다. 훨씬 즉흥적인 만큼 훨씬 자극적인 선택들이 고안되고 심지어 국가가 아직도 생산의 절반을 관리하는 나라에서는 비현실주의적인 방식으로 나타나고 있는 '극단적 자유주의'와, 사회주의 정권을 자처하고 있는 그 어떤 정부의 정치와도 일치하지 않는 '사회주의'를 대립시키는 것은 나태한 이들에게나 즐거운 일이다. 불만의 직접적인 표현(물론 이는 정당한 것이다)과 상황의 진지한 분석 혹은 또 다른 정치의 현실주의적 제안을 혼동하지 말자. 그리고 또 중도좌파라 불리는 정부들에 의해 전적으로 지도되고 있는 현재의 유럽이 정치적 각축장의 한 귀퉁이로 영원히 밀려나 있을 것이라고 생각하지 말자. 새로운 독일 정부의 자유주의적 주장들을 향한 빠른 변화는 유럽인들에게 중도좌파보다는 중도우파적인 이미지를 전달하고 있다. 유권자들의 대다수가 거의 항상 오른편으로 기울어져 있는 프랑스는 우파가 언젠가는 끝날 위기에서 벗어나기 전에 혹은 좌파의 유권자들이 지나치게 신중하고 소심하기까지한 정책들에 실망하기 전에 경제와 사회에 대한 이중적 효율성을 빨리 입증시켜야 한다.

이와 같은 정신에 입각하여, 나는 2½의 정치를 정의하기 위해 우선적으로 고려되어야 하는 세 가지 점을 제시하고자 한다.

노동의 우선권

첫째로, 사회정책과 관련하여 노동의 문제에 다시 우선권을 부여해야 한다. 그리고 그 중심 목적은 점점 더 거대해지고 있는 기업들의 유연성과 단순히 하나의 상품으로 간주될 수 없는 노동의 방어를 결합시키는 것이 되어야 한다.

노동의 유연성을 경제적 성공의 첫째 조건으로 보고 있는 이데올로기들의 세력확장에 맞서, 경제활동의 새로운 조건들과 양립할 수 있고 나아가 경제적 변화의 신속성과 세계 — 새로운 산업국가들이 증가하고 있는 세계, 특히 경제활동과는 점점 더 분리되고 있는 금융자본주의가 광란하고 있는 세계 — 에 대한 국가경제의 개방과 양립할 수 있는 노동정책을 만들어 내는 것이 필요하다. 이러한 고용 및 노동 정책을 정의하고 적용하는 것은 분명히 쉽지 않은 일이지만, 이 일의 절대적 우선권에 대한 승인은 이미 시급히 요청되고 있다.

하나의 실례를 들어보자. 마침내 사람들은 임금을 낮추지 않으면서(임금은 이미 굉장히 낮은 수준이다) 미숙련 노동의 비용을 줄여야 한다는 것을 인식했다. 로카에 의해 CSG(일반사회부담금)가 제정된 이래로, 노동소득에 대한 과세를 넘어서는 훨씬 더 확장된 범위의 조세정책을 통해 기업의 사회적 부담을 이전하려는 거대한 시도가 이루어져 왔다.

여러 논쟁들 속에서 이전의 다양한 방식들을 놓고 논자들이 서로 대립하긴 하지만, 기업이 실업의 문제, 특히 노동생산성의 증가로 인하여 필연적으로 일자리가 감소되는 거대산업 속에서 발생하는 실업문제를 해결할 수는 없다는 사실을 아무도 부정하지는 못한다. 전후에 1차산업에서 2차산업으로, 그리고 곧 이어 2차산업에서 3차산업으로 노동력의 배출 — 이것은 소비(Albert Sauvy)의 표현이다 — 이 이루어졌지만, 지금 벌어지고 있는 고전적인 산업직종에서 새로운 영역으로의 거대하고 빠른 이동은 더 이상 이전과 같은 방식으로 진행될 수 없다.

이러한 직종의 변화는 조직적이어야 한다. 일반적으로

높은 수준의 지식을 요구하는 새로운 직종에 적응하기 위해서는 막대한 비용이 투자되어야 하며 국민교육의 근본적인 변화가 필요하다. 그리고 또한 노동의 방어를 우선적으로 고려해야 하며, 실업자와 기업 간의 연결에 대한 지원의 차원을 넘어서서 새로운 형태의 생산과 교환을 위한 활동인구의 예비적인 창출 역시 우선적으로 고려되어야 한다.

아마 극단적인 비관론자들은 미숙련 서비스 직종 — 미국인들은 '맥도널드 직종'이라고 부른다 — 을 창출하는 것이 현실적으로 중요하다고 이야기할 것이다. 이런 서비스 직종은 이미 존재하고 있으며 프랑스는 유통업, 특히 호텔이나 식당, 사적 서비스 부문에서 이런 유의 직종을 보다 많이 창출하는 것이 필요할 것이다. 하지만 이 직종은 새로운 기술에 의해 파생된 직종 — 미국인들은 '마이크로소프트 직종'이라고 부른다 — 과 우리 사회를 위협하는 주요 위협 요소들에 대한 예방으로서 창출해야 하는 직종보다는 적은 숫자이다.

여기서 이 두번째 직종들에 관해서는 고찰하지 말도록 하자. 이처럼 고도의 기술수준이 요구되는 직종들은 단순노동 직종과는 관계없이 움직인다. 오히려 경쟁의 일반적 수준이나 급속도로 높아지고 있는 교육의 일반적 수준과 관계 있는 직종이다.

일자리의 창출을 향한 사회정책들의 이와 같은 재지향은

국민총소득에서 임금이 차지하는 부분의 상승과 보조를 맞춰야 한다. 왜냐하면 지난 수십 년 동안 임금부분은 엄청나게 감소했기 때문이다. 더구나 이와 같은 감소는 기업과 기업의 생산적인 투자 때문이라기보다, 주가상승과 금융투자 이윤의 증가가 보여주고 있듯이 유동자본 때문이다. 부아소나(Jean Boissonat)가 이야기한 것처럼, 단지 국가만 능동적인 고용정책을 시행해야 하는 것은 아니다. 시와 도, 직장, 제3섹터 그리고 인도주의적 행동에서 환경의 옹호와 정비로 나아가고 있는 연합체, 주도세력들 역시 마찬가지로 노력해야 한다.

그리고 이러한 고용정책의 실현은 2차대전 후의 사회보장정책이 그랬던 것처럼 향후 수십 년 동안의 주요 사업이 되어야 한다. 이것은 사회보장보험을 포기해야 한다는 뜻이 아니라 — 사회보장을 포기해야 한다는 가설은 유럽의 모든 국가들이 이성적으로 거부하고 있다 — 보건정책과 퇴직제도를 더욱 잘 운영하고 무엇보다도 고용정책의 자원을 끌어내기 위하여 공기업의 적자를 줄여나가야 한다는 것을 의미한다.

나는 노동의 종언을 이야기하는 사람들을 잘 이해하지 못하겠다. 만일 그들이 다른 모든 활동을 생산활동에 종속시키는 생산주의적 이데올로기와 단절하기를 바라고 있다면, 그것은 옳은 생각이다. 그러나 산업사회는 노동의 사회

 어떻게 자유주의에서 벗어날 것인가

가 아니었다. 그보다는 오히려 생산의 사회, 이윤의 사회였다. 오늘날에 와서는 그와 반대로 우리는 점점 더 노동에 긍정적인 가치를 부여하고 있다. 그것은 인격과 사회적 삶에 영향을 미치는 실업의 파괴적인 결과들 때문만은 아니다. 무엇보다도 개인들이 흥미를 가지는 숙련노동의 비율이 계속해서 증가하고 있기 때문이다. 이것은 노동시간의 단축, 특히 미숙련 직종의 노동시간 단축과 전혀 대립되지 않는 결론이다. 왜냐하면 우선 노동의 분할이 노동은 가치를 가지고 있다는 생각에 근거하고 있기 때문이며, 또 노동시간의 감소라는 장기적 경향이 50년대 이래로 강하게 억제되어 왔기 때문이다. 이 기간 동안 생산성 향상은 노동보다는 자본에 이익을 가져다주었다. 그러나 우리가 노동의 사회에서 소비의 사회, 향락의 사회로 이행했다는 생각은 이제 그만하도록 하자.

이러한 정책은 사회적 합의에 근거할 때만이 만족할 만한 결과를 가져올 수 있다. 덴마크와 네덜란드는 사회보장 체제에 타격을 주지 않으면서 실업을 줄일 수 있는 정책을 시행하기 위해 노동조합의 동의가 필요했다. 만일 이탈리아만큼이나 강하고 노련한 생디칼리즘이 프랑스에 존재했다면, 극복하기 어려워 보이는 장애는 모두 제거되었을 것이다.

그렇다, 줄어들기는커녕 오히려 확대되고 있는 프랑스

노동조합의 허약함과 분열이 프랑스 사회의 초라한 행동능력의 주요 원인 가운데 하나이다. 그렇다, 자유주의 경제정책이 노조의 축소로까지 나아가지는 않았던 것이다(그럴 필요가 없었다). 스웨덴과 독일, 이탈리아에는 경제·사회 정책의 수립에 영향력을 행사할 수 있을 정도로 강력한 노동조합이 존재하고 있다. 그에 비해 미국이나 영국, 더욱이 스페인과 프랑스의 경우는 그렇지 못한 형편이다.

프랑스의 경우, 모든 면에서 비판적이기만 한 태도라든가 상황에 대한 파국적인 정의, 단절의 언어 등이 바로 생디칼리즘이 중요한 역할을 수행하는 것을 가로막고 있는 요인들이다. 고용주의 압력을 약화시키는 것은 노동조합에 필수적인 쇄신을 위해서 반드시 필요한 조건이다. 그렇지만 이보다 더 시급한 것은 노조의 활동 — 특히 노조의 활동이 거의 완벽하게 사라져 버린 경쟁부문에서의 활동 — 을 재조직화하기 위한 내적 조건들에 대해 프랑스노동민주동맹과 함께 자문해 보는 것이다.

지속 가능한 발전

또한 고용정책은 한 가지 주요한 변화에 근거하고 있어야 한다. 아글리에타(Michel Aglietta)의 정의에 따르면, 이 변화는 다름아니라 최상의 노동생산성에 주어진 우선권은 최

 어떻게 자유주의에서 벗어날 것인가

상의 자본생산성 추구에 그 자리를 넘겨주어야 한다는 것
이다. 고전적인 산업부문에서 일자리를 창출하기 위해서는
많은 자본이 필요하다. 하지만 사적 서비스와 지식산업 ―
여기서는 연구나 혁신, 교육이 문제일 것이다 ― 부문에서
는 상대적으로 작은 규모의 자본투자로도 일자리를 만들어
낼 수 있다. 우리는 고전적인 산업모델에 사로잡혀 있다.
즉 거대한 은행들에 의해 지탱되고 거대한 주의주의적 국
가계획의 틀 속에서 거대노조들과의 조율을 통해서 운영되
는, 노동생산성이 높은 거대기업 말이다. 이제는 혁신과 교
육 그리고 연대에 우선권을 다시 부여해야 할 때이다.

이와 마찬가지로, 성장에 대한 우리의 개념화를 변화시
켜야 한다. 초기 단계에서 근대화는 노동과 자본을 축적하
는 것이며, 그것은 높은 성장률을 보장한다. 그 다음으로는
성장의 토대를 확대하고 이 성장이 양질의 교육과 효율적
인 의사소통 수단과 그리고 그에 적응하는 공공행정을 요
구한다는 사실을 인식하는 것이 필요하다. 이렇게 해서 성
장은 자기부양적이고 자생력을 가지게 된다. 그러나 우리
는 이미 세번째 단계에 들어와 있다.

브룬틀랜트 위원회(Commission Brundtland, 1987년 브
룬틀랜트 여사가 유엔 환경개발위원회에 인류가 맞이할 환경재
해를 경고하는 보고서를 제출함으로써 세계적 파장을 불러왔
고, 이후 브룬틀랜트 위원회로 명명되었다―옮긴이)와 리우 회

담(1992년 브라질 리우에서 개최된 환경문제 관련 회담으로 의
제21을 세계 각국의 환경정책에 반영하는 데 기여했다—옮긴
이)이 명명한 것처럼, 그것은 지속적인 혹은 오랫동안 유지
되는 성장의 단계이다. 주요한 위험 — 환경, 핵, 의학, 사
회 혹은 문화 — 에 대한 예방 없이는 지속적인 성장은 가
능하지 않다. 우리는 우리의 도시들을 다시 건설하고 실업
을 낮추고 문화간의 교류를 용이하게 해야 하며 청소년과
노인들이 소외되지 않도록 해야 한다.

　많은 이들이 경제활동의 핵심은 국제시장의 요구들과 관
련하여 운영되어야 한다고 생각한다. 그러나 그것은 사실
이 아니다. 미국의 성공이 보여주는 것처럼, 성장은 무엇보
다도 혁신에 달려 있다. 또한 성장은, 자본이 국제적인 금
융순환보다는 생산에 투자되고 내부소비가 확대되고 그리
고 국가 내부의 사회적 · 정치적 균형이 존중되고 개선되기
를 요구한다. 지금은 기술혁신에 그리고 우리의 경제적 행
동 속에 나타난 사회적 문제에 다시 우선권을 부여할 때이
다. 이것은 사회정의라는 이유 때문만은 아니다. 혁신과 연
대가 지속적인 경제성장의 근본적인 요소이기 때문이다.

　유일 사상의 필연적인 승리를 믿는 이들은, 자유주의적
경제정책과 사회적 연대의 기준을 결합시켜야 한다고 주장
하고 있는 — 이 주장은 매우 다양한 형태로 제시되고 있다
— 사회주의적 자유주의 혹은 중도좌파의 정책들과 폭넓게

상호 연관되어 있는 유럽연합의 실체들을 무시하고 있다. 가장 야만적인 폭력에 노출되어 있는 계층의 보호는 새로운 경제정책에 대한 제안과 대립되지 않으며, 오히려 그 정책의 필수적인 보완책으로 여겨진다. 능동적인 사회정책에 반대하는 이들은, 항의자들의 경우에는 단순한 고발에만 몰두하고 있으며 정부의 경우에는 상 파피에 운동에서 볼 수 있었듯이 핍박받는 사람들을 지지하는 운동에 무관심하거나 적대적인 태도를 취하고 있다.

이러한 시각에서, 유럽과 미국 그리고 일본에서까지 나타나고 있는 정치의 쇠퇴를 중단시키는 것은 분명히 중요하다. 국가의 배후에 있는 정당들은 사실상 부패하였고, 때때로 선거기계로 전락해 버렸다는 느낌마저 주면서 더 이상 국민의 대표로 여겨지지 않게 되었다. 특히 일본은 정당의 쇠퇴와 정당에 대한 불신이 다른 어떤 나라보다도 더 심했다.

오늘날 이 같은 정당들이 어떻게 복구되었는가? 그것은 무엇보다도 근본적인 논쟁의 주제들을 재형식화함으로써, 따라서 좌파와 우파의 대립을 재구성함으로써 이루어졌다. 여기서 근본적인 논쟁점은 이런 것이다. 인구의 20%를 길거리로 내몰면서까지 경제의 경쟁성, 즉 유연성을 최우선적으로 생각해야 하는가? 혹은 경제정책은 사회적 통합의 정책, 배제에 반대하는 투쟁의 정책이어야 하는가?

이 문제와 관련하여 좌파와 우파는 서로 다른 입장을 취하고 있다. 사실 우파는 무엇보다도 경제적 논리에 근거하고 있으며, 좌파는 정치적 논리에 근거하고 있다. 따라서 적어도 유럽에서 정치의 위기는 우파보다는 좌파와 더 밀접한 관계가 있다. 좌파는 때로는 심각한 부패가 원인이 되어, 때로는 현실적인 사회 프로그램이 부재함으로 해서 위기를 자초했고, 또 때로는 경제정책의 변화와는 전혀 상관없는 사소한 문제에서 헤어나지 못하는 무능력함 때문에 위기를 불러들였다.

이 위기는 반대의 운동(이 운동은 때때로 폭력적이기도 하다)의 전개라든가 '시민사회', 즉 새로운 형태의 정치행위 ─조직화나 연속성 면에서는 정당이나 노동조합에 비해 떨어지는 편이다─의 중요성이 점점 더 커지는 형태로 나타난다. 겉으로 나타나는 형태는 서로 다르지만, 미국과 프랑스는 정당과 노동조합의 쇠퇴가 수반하는 이 같은 시민사회의 활력을 보여주는 좋은 예이다. 그리고 독일과 이탈리아의 경우에는 노조연합체들의 연대가 굳이 좌파라고 불리는 정당들의 행동을 약화시키는 혁신적인 요소들을 만들어냈다.

따라서 정치적 결정능력이 쇠퇴했던 것 그리고 그것이 강화되어야 하는 것은 두 가지 측면에서이다. 하나는, 경제에 대한 공적 개입은 확대되어야 하며 ─ 이는 거의 모든 정부가 의식하는 것이다―대중을 대표하는 정당과 노동조합의 능력은 복원되어야 한다. 정치적 개입의 강화는 유동적인 경제의 요구들에 접근하면서 동시에 점점 더 분할되고 있는 사회적 요구들을 대변하는 이중적 운동의 직접적인 결과로 나타날 것이다. 또 하나, 내가 지지하고 있는 입장은 새로운 사회운동에 더 많은 힘과 명확성을 부여할 필요성 그리고 우리의 사회가 스스로 운명을 선택할 수 있는 능력을 강화할 필요성이 명백해졌다는 것이다.

문화간의 소통

보다 근본적인 이유들 때문에, 프랑스 사회는 자신의 이미지에 혼란을 불러일으키는 심각한 난관에 봉착해 있다. 프랑스는 보편적 가치들 속에서 자신의 정체성을 추구했고, 따라서 이성과 국가에 의해 통치되는 사회에서 프랑스적 시민성으로의 접근과 통합은 이런 보편적 가치를 방어하는 최상의 (더 나아가 유일의) 방법으로 간주되었다. 이것은 명백하게 전체주의적인 체제, 특히 정당화된 공포―이런 영감을 불어넣은 것은 다름아니라 스스로에게 종족적·민족적 혹은 종교적 토대를 부여한 이들이다―에 의해 강화된 전통이다.

그러나 이 같은 프랑스 자코뱅주의는 그 어떤 사회적 다양성도 거부하는 강압적 공동체주의와 마찬가지로 해롭고 비현실적이다. 물론 지금 여기서 중요한 것은 문화간의 모든 소통 가능성을 부정하는 문화적 분화주의나 균일화된 정치를 옹호하는 것이 아니라 그 반대로 인간권리의 중심 문제를 해결하는 것이다. 특수한 문화적·사회적 상황으로 둘러싸인 현실 속에서도 우리는 인간권리의 보편주의를 유지할 수 있을까?

한 세기가 넘도록 우리는 노동의 권리와 법의 권리에 대해 그리고 특별한 사회계층에 적용되며 무엇보다도 사회 지배체제 내에서의 특수한 형태의 위치 및 관계에 의해 정의되는 협약의 권리에 대해 말할 수 있는 권리를 가지고 있었다. 이것들은 모두에게 인정되는 시민의 권리에 타격을 입히지는 않았는가? 오늘날 우리에게 이 질문의 대답은 긍정적이어야 한다는 것이 명백해 보이는 듯하다. 그러나 지나간 세기의 많은 공화주의자들은 노동자의 권리에 반대하였는데, 그 이유는 그들이 보기에 이 권리가 프랑스혁명에 의해 쟁취된 시민의 권리보다 덜 보편적인 것 같았기 때문이다.

마찬가지 방식으로, 예전에 우리가 모든 이들을 위해 사회적 권리를 획득했던 것처럼 오늘날 대중문화가 승리를 거둔 사회, 의사소통의 기술이 문화와 개인의 인격에 영향을 주는 사회, 이민에 의해 문화의 혼합이 점점 더 늘어나

 어떻게 자유주의에서 벗어날 것인가

는 그런 사회에서 모든 이들을 위해 문화적 권리를 쟁취하는 것이 필요하다. 단순히 관용만이 문제가 아니다. 문화간의 대화에서 출발하여 어떻게 소통의 보편적 조건들을 이끌어낼 것인가를 고심하는 일 또한 중요하다. 더 정확히 말하자면, 내가 세계의 재조직이라 불렀던 것, 즉 사회의 하층에 위치하도록 '만들어진' 사회적이면서도 문화적인 계층이 사회적 삶과 문화 속으로 재통합되는 것이 문제이다.

만일 우리가 이민들 속에서 낙후된 사회의 빈곤에 의해 내몰림당한 사람들과 단순히 서구인들의 삶을 흠모하여 그렇게 살아가기를 원하는 사람들만 보고 있다면, 그야말로 우리는 심각한 어려움을 자초하는 것이다. 이민을 '받아들인' 사회의 실업과 고용불안, 외국인 혐오증 등으로 인해 이들이 사회에 동화되지 못할 때 어떤 일이 발생하겠는가? 기회의 평등과 이민의 문화적 인격에 대한 승인이 결합되는 것이 절대적으로 필요하다. 이들에게는 항상 일자리가 필요하며, 종교예식을 드리는 장소와 타인과 문화적 교류를 할 수 있는 가능성이 훨씬 더 필요하다. 문화적 다양성을 인정하는 것에 대한 노골적인 거부는, 비록 좌파라고 자처하지만 민족주의적 우파에게 호소해야 하는 사람들의 실질적인 토대가 되고 있다.

의사소통이 되기 위해서는 서로간의 차이를 인정해야 하지만, 동일한 언어로 이야기하는 것 또한 필요하다. 그렇기 때문에 '소수'라는 개념은 중요성을 가진다. 소수는 자신들이 지닌 차이를 간직하면서 인정받기 원하지만, 이들은 또 다수의 법을 민주적으로 인정한다. 제도는 자신의 개성을 구성하려는 개개인의 노력을 보호하고 확대해 나가야 한다. 제도는 문화적 권리를 존중해야 한다. 이것이 의미하는 바는, 아마르티아 센(Amartya Sen)이 말한 것처럼 최대 다수의 사람들에게 그들이 긍정적 가치를 부여하는 일에 최대한으로 참여할 수 있는 가능성을 보장해 주어야 한다는 것이다. 물론 이는 타인이 그 자신을 위해 요구하는 다른 권리들을 인정한다는 조건하에서이다.

 개인은 사회를 위해 존재하며 집단적 삶에 대한 자신의 기능과 공헌으로 정의되며, 개별성은 학교 혹은 가정교육, 법에서 중심적인 대상으로 취급되어야 한다는 생각을 멈춰야 한다. 변화는 이미 시작되고 있으며, 개개인의 '재구성', 다시 말해 개인들 속에서 근대적 이성과 그 이성이 거부하고 천시했던 것들 — 지금까지 정신분석학이 탐구해 왔고, 현대의 새로운 흐름들이 복원시키려고 노력하고 있는 것들 — 간의 화합이 가능해질 것이다.

 하지만 근대 이성이 거부했던 것들에 대한 복원 노력이 난삽한 신세대 영성신학으로 귀착되지 않도록 주의해야 할 것이다. 상 파피에 운동 역시 처음부터 말리인과 세네갈인과 중국인 들의 자기확인 운동이었으며, 파리 교외에서 아

 어떻게 자유주의에서 벗어날 것인가

랍의 정체성, 알제리의 정체성, 모로코의 정체성, 카빌리아
의 정체성 — 이것은 계승이자 창조이며, 프랑스 사회로의
참여 계획이다 — 을 옹호하기 위한 움직임이 조직화되었다.
　이 집단적인 행동들이 스스로를 인정받기 위한 투쟁임에
도 불구하고, 어째서 배제와 독단에 반대하는 투쟁으로 귀
착되는가? 동성애자들의 행동이 스스로의 인격 확인과 개
인의 삶, 개인들간의 삶 그리고 집단의 삶에서 성이 차지하
는 위치의 변경을 위한 투쟁임에도 불구하고, 어째서 차별
에 반대하는 투쟁으로 귀착되는가?
　다문화(多文化) 사회라고 이야기하는 것은 거의 아무런
의미도 가지지 않는다. 왜냐하면 이 표현은 문화들간의 소
통조건을 그늘 속에 감춰두기 때문이다. 따라서 중요한 것
은 문화간의 소통, 즉 경제와 기술의 세계에 대한 참여를
문화의 옹호 혹은 재해석과 — 각자의 다양한 방식으로 —
결합시키는, 모두의 권리를 모두가 승인하는 것이다. 만일
집단적인 행동이 문화적 권리에 대한 요구에 각인되어 있
지 않다면, 그 행동은 국가적인 그리고/혹은 국제적인 차원
에서 어떠한 해방의 효과도 결코 가질 수 없을 것이다.

유럽과 국가

기술적·경제적 거대 세력이 갈수록 더 국경을 초월하여

움직이고 있는 상황에서, 정치의 장 그리고 더 넓게는 확대된 대중적 공간 역시 유럽 차원에서 혹은 심지어 세계 차원에서 구성되어야 하는가? 이 같은 개념화는 적절한 논거에 기초하고 있으며 유럽의회 선거는 국가적 차원이 아니라 유럽 전체 차원에서 조직된다는 것을 제시하면서, 자크 들로가 옹호하고 있는 정치적 유럽에 대한 구상은 충분한 설득력을 가지고 있다.

그렇지만 이러한 노력과 희망에 반대하지 않고서도 우리는 충분히 다른 길을 생각할 수 있다. 오늘날 우리는 집합적인 삶—국가라는 틀 속에서 상호 연결되었던 경제적·사회적·정치적·문화적 삶—에 속해 있는 사람들간의 긴밀한 교감이 단절된 것을 경험하고 있다. 경제적 삶의 모습은 점점 더 초국가적 차원으로 전개되고 있지만, 이와 동시에 문화적 정체성은 정반대의 방식으로 확장되고 있다. 그것은 때로 초국가적 차원에서 존재하지만, 거의 대부분의 경우 국가 이하의 차원에 머물고 있다. 따라서 우리는 정치제도가 최상의 상태로 작동할 수 있는 것은 그 중간 차원, 즉 민족이나 지역 차원 혹은 도시 차원이라고 생각할 수 있다.

이렇게 되면 국가 개념은 민족국가의 개념으로부터 자유로워진다. 이것은 미국혁명과 프랑스혁명 이후에 민족국가의 개념이 특권적 국가의 개념—여기에서 민족국가 개념의 토대인 국민주권 개념에 준거하지 않는 절대왕권 혹은

 어떻게 자유주의에서 벗어날 것인가

과두정치제의 형성이 가능했다 ― 으로부터 자유로워졌던 것과 마찬가지이다. 국가의 개념은 거의 신앙과도 같았던 과거의 책무에서 벗어나 문화간 소통, 연대 그리고 근대화가 작동하고 보호받는 공동의 공간을 지칭하는 것이 되어야 한다. 대중여론은, 프랑스가 보편주의와 근대성에 대한 독점권을 가지고 있다고 간주하기를 고집하는 이데올로기들보다는 우리가 경험하고 있는 국가라는 존재에 대한 이와 같은 개념화에 더 근접해 있다.

국가가 점점 더 중요하게 간주되는 이유는, 대부분의 경우 지속적인 성장은 직접적인 이익과는 관련이 없는 활동 ― 예를 들어 교육, 보건, 환경보호 같은 것 ― 을 확대시킴으로써 이루어진다는 사실 때문이다. 전세계 지출에서 프랑스의 경우, 국가지출이 차지하는 비중이 지나치게 높은 것이 사실이다(국가지출이 유럽 국가들의 경우 평균 50%이고 서구의 다른 나라들은 40%인 데 비해 프랑스는 54%이다). 그러나 국가의 필수적인 개혁과 공공지출의 축소가 보건·교육·환경에 대한 지출의 확대를 가로막는 것은 아니다. 이와 같은 비영리 부문의 경우 국가가 담당하는 비중은 점차 줄어드는 대신 지역이나 시, 전문 단체나 연합 등이 담당하는 비중은 갈수록 높아질 것이다.

국가는 단순히 국제시장에서의 위치에 의해 정의된다기보다는 국가 내부의 문제에 대해 제시하는 해결책과 국가자원을 운영하는 방식에 의해 정의된다. 북유럽인들은 오래 전부터 이 점을 잘 이해하고 있었고, 바로 이런 이유 때문에 그들은 강한 국가 의식을 가지고 있는 것이다. 국가에 대한 '루이 14세'식 개념화 — 그 영향력이 강한 만큼 병적으로 나타나고 있다 — 가 전체 국가와 전체 시장 사이에서, 즉 양쪽 다 불합리한 두 가지 해결책 사이에서 사람들에게 극단적인 선택을 강요하고 있는 프랑스에서도 이와 같은 변화가 필요하다.

우리는 프랑스인으로 남을 수 있는가?

여기에 씌어진 모든 것들이 프랑스의 '지도부'에 반대하여 그리고 사회를 지배하고 이끌고 훈육하는 국가에 대해 대부분의 프랑스 시민, 특히 제도를 작동시키는 사람들이 지니고 있는 광적인 집착 — 이들에게 국가는 이성과 진보를 대변하는 것이다 — 에 반대하여 공격을 가하는 것처럼 들릴 수도 있을 것이다. 솔직히 내가 프랑스 '지도부'를 공격하고 있는 것은 사실이지만, 나는 나의 이러한 태도를 정당화시킬 수 있다.

  나의 비판을 정당화해 주는 것은, 프랑스식 모델은 이미 폐허가 되었고 국가를 연구하는 철학자들의 설교나 교과서에서도 더 이상 존재하지 않는다는 사실이다. 우리가 20여 년 전부터 쓰라리게 맛보고 있는 것은 경제나 기술에서의 실패가 아니라, 프랑스가 그 스스로에 대해 가지고 있는 케케묵은 담론과 현실 사이의 괴리가 점점 더 명백해지고 있다는 사실이다. 이것은 공화주의 담론과 사회적 불평등의 지속 사이의 괴리이며, 망명객을 대접하는 땅 프랑스와 피난민 — 예컨대 보스니아 난민들 — 에 대한 국경봉쇄 사이의 괴리이며, 근대화된 국가에 대한 찬송과 크레디 리오네나 여타 공기업들에 대한 무책임한 망상 사이의 괴리이다.

프랑스가 이웃국가들보다 더 많은 오류를 범하고 있는 것은 아니지만, 스스로에 대한 표상이 현실과 대립하는 유일한 국가가 바로 프랑스이다. 따라서 안과 밖에서, 프랑스는 자만심으로 눈이 먼 국가, 자신의 근원적인 신화들에 의해 마비되어 버린 국가 그리고 외부의 요구에 떠밀려가고 있는 국가로 보여지고 있다.

물론 프랑스가 이러한 공화주의 담론이나 낡은 진보주의 담론으로만 환원될 수 있는 것은 아니다. 하지만 내가 여기서 이야기하고 있는 것은 프랑스의 풍경이나 문학 혹은 포도원이 아니다. 그것은 자신의 이름으로 프랑스를 지배하고 있고 그 자신 속에 프랑스를 옭아매고 있으며, 결국은 비싼 대가를 치를 수밖에 없을 바로 그 이데올로기인 것이다.

프랑스식 모델에 대한 이러한 판결이 극단적 자유주의의 수용을 유도하기 위한 것은 결코 아니다. 이미 밝혔듯이 나는 이 극단적 자유주의에, 즉 '시장사회'에 명백하게 반대하고 있다. 세계화된 사회의 환상이 산산조각 나버리는 순간 그리고 금융자본주의의 실체, 그것에 대항하여 공적 개입을 요청할 수밖에 없는 현실이 밝혀지는 순간, 이 '시장사회'의 개념은 불합리해져 버릴 것이다. 프랑스식 모델은 조정의 모델이라기보다 관리의 모델이며 권력의 모델이다. 그러므로 우리에게 필요한 것은 조정의 모델이며 예측의 모델, 정의에 대한 의지의 모델이다. 결국 나의 비판은 시장의 자유로운 운동을 가로막고 있는 '장애들'에 반대하는 것이 아니라 사회에 대한 우리의 낡은 관리방식에 의해 채워진 족쇄들에 반대하고 있는 것이며, 이것은 경제적으로 효율적이고 사회적으로 정당한 조정의 방식을 탐색하기 위해서이다.

 어떻게 자유주의에서 벗어날 것인가

맺음말

지식인의 역할

민주적이고 양식 있는 정치체제 속에서와 마찬가지로, '의식 있고 조직화된' 이상적인 사회운동에서 지식인의 역할은 미미하거나 아예 존재하지 않을 것이다. 이와 반대일 경우, 즉 사회적 변화가 배타적인 방식 — 경제적 이해에 의해서든, 정치적 의도에 의해서든 혹은 관료주의적 조합주의에 의해서든 — 에 의해 이끌어질 때도 이것은 역시 마찬가지일 것이다.

지식인이 개입하는 경우는 사회적이고 정치적인 삶의 통일체에 대한 어떤 효율적인 원칙도 전혀 존재하지 않을 때이다. 지식인의 이와 같은 개입이 처음 등장한 것은 사회에 대해 독단적이고 파렴치한 결정을 강요하던 정치권력 혹은 종교세력을 비판하기 위해서였다. 하지만 그후 사회적 행위자들이 부상하고 민주주의가 확대됨에 따라, 점차 지식인은 사회적 갈등과 논쟁에 개입하게 된다. 이때 지식인의 목적은 그 갈등과 논쟁의 의미를 드러내는 것이었는데, 그것은 행위자들이 위기의 상황 혹은 고립된 상황에서 자신들에 대해 완전하게 의식할 수 없었기 때문이기도 하고, 또 이런 위기 혹은 고립 상황이 의미하는 바가 지배계층에 의해 부과된 이데올로기나 인민의 이름으로, 국가의 이름으로, 대중의 이름으로 이야기하는 정당들에 의해 부과된 이데올로기 뒤에 감춰져 있었기 때문이었다. 드레퓌스 사건은 이러한 두 시기의 접점에 위치하며, '지식인'에 대한 연구에 하나의 중요한 준거가 된다. 그들에게 지식인(intellectuel)이라는 명칭이 주어진 것, 우리가 그들을 지식인이라 부르게 된 것은 바로 이와 같은 경우를 통해서였다.

 물론 다양한 모습의 지식인이 존재한다. 가장 고전적이고 아마도 가장 두드러져 보일 모습은 고발자로서의 지식인이다. 이들의 모든 관심은 지배체제에 대한 비판에 집중되어 있다. 고발자로서의 지식인은 도덕적 담론의 배후에 은폐되어 있는 이해관계들을 폭로하며, 착취받고 소외되고 조작당하는 사람들의 고통을 전달한다.

 이 책에서 언급된 인물들은 오늘날 프랑스에서 이런 지식

 어떻게 자유주의에서 벗어날 것인가

인의 중요성을 보여준다. 부르디외는 이 유형의 지식인을 대표하고 있다. 이들은 『르 몽드 디플로마티크(*Le Monde Diplomatique*)』를 비롯하여 언론의 중요한 일정 부분을 장악하고 있다. 지식인의 이 같은 이미지가 가장 두드러지게 나타났던 것은 지난 식민지 전쟁기간 동안의 프랑스에서였다. 사르트르와 그 동료들, 특히 파농과 주네(Jean Genet)는 권력에 대한 저항의 해석을 통해서보다는 오히려 비판의 역할, 거부의 역할을 통해 정의되는 지식인들이었다. 그리고 1965~75년에 알튀세르는 수많은 지식인들을 이끌었다. 하지만 비판적 사상과 위대한 지적 수준의 저서를 훌륭하게 결합시킨 사람은 푸코였다.

이러한 모습과 대립하고 있는, 지식인의 두번째 유형은 투쟁을 통해 혹은 대항세력으로서 자신의 정체성을 형성하는 조직화된 지식인, 더 정확하게는 이데올로그(idéologue)이다. 오랫동안 유지되어 온 프랑스공산당 세력은 많은 지식인들에게 대중적 집회의 스타가 된다는, 좀더 순수하게 얘기하자면 해방의 운동에, 더 나은 미래의 건설에 동참한다는 느낌을 체험하는 만족감을 부여해 주었다. 이데올로기의 붕괴와 공산주의 권력의 붕괴는 이런 유형의 지식인에게 —이들 가운데 일부가 야만적인 중국 문화혁명의 방어에까지 무책임한 방식으로 끌려들어 갔었던 만큼이나— 쓰라린 충격을 안겨주었다. 그러나 이들은 사라지지도 않았거니와,

이러한 유형의 지식인을 전적으로 비난하는 것도 부당할 것이다.

이 유형의 지식인들은 청원서에 서명하고 시위와 집회에 참여하고 심지어 단식투쟁까지도 함께 감행하면서, 공적 권력을 설득시키지 못했던 요구나 항의와의 연대를 매우 성실하게 수행하였다. 물론 이들이 행위의 의미를 생산하는 데 참여하지 않고 증거[행위]에만 몰두함에 따라, 그 역할이 제한되어 있었던 것은 사실이다. 그럼에도 이들의 행위는 중요하다. 왜냐하면 이들은 자신이 속한 이익집단에 쉽게 흡수되어 버릴 수도 있었지만 아무것도 소유하지 못한 사람들, 발언할 기회를 박탈당한 사람들과의 연대를 계속 유지함으로써, 어떤 면에서는 의미를 생산하는 데 동참하고 있는 이 지식인들의 의지를 표현하고 있기 때문이다.

지식인의 이 같은 두 가지 범주를 넘어서, 더 어려운 상황들 속에서 나타나는 훨씬 복합적인 모습을 살펴봐야 한다. 먼저 분석하고 이해하는 자신의 직무를 수행하면서 자신이 지지 혹은 반대하는 행동들의 의미를 찾아나가는 지식인이 있다. 이들은 현실의 행위자들과의 관계 속에서 존재한다. 모든 역사적 사건이 그러하듯이, 행동은 여러 가지 의미를 동시에 지니고 있다. 이 범주에 속하는 지식인은 이런 행동에 내재해 있는 여러 의미를 구분하려고 애쓰면서 자신이 가장 중요하다고 생각하는 것을 부각시키려고 노력한다. 그러나 이런 지식인과 관련하여, 그들의 발언과 글들이 사회권력에 대한 비판, 좀더 직접적으로 표현하자면 대항 혹은 저항 세력에 봉사하는 도구가 되기를 원한다고 이야기할 수는 없다.

이 범주의 지식인과 첫번째 범주의 지식인의 차이는, 전자는 행위자의 존재와 의식과 능력을 믿고 있는 데 비해 — 물론 그 한계도 알고 있다 — 후자는 위기와 재난의 내적 모순에 대한 비판만을 믿고 있다는 점이다. 이와 같은 구분이, 행위자를 이해하려 하고 그들의 행동에 대한 해석을 도출하려고 노력하는 이들은 낙관주의자이며 항상 선이 악을 물리칠 것이라고 믿는다는 것을 의미하는 것은 아니다. 다만 이들은 악의 승리가 필연적인 것이라고 생각하지 않으며, 역사가 단순히 내적 위기와 지배세력의 지배전략만으로 구성된다고 보지 않는다는 것을 의미한다.

행위자에 대한 분석 혹은 행위자의 전략과 관련하여 옳은 것과 그렇지 못한 것을 구분하려 노력할 수 있는 것은 피지배자의 창의력과 행동 가능성을 믿는 순간부터이다. 이 세번째 범주의 지식인은 그리 쉽지 않은 상황에 놓여 있다. 이들은 행위자를 신뢰하지만 그들과 거리를 유지하고 있다. 그것은 이 범주의 지식인은 행위자들의 담론과 행동 역시 비판하고 있기 때문이다. 즉 이 지식인들은 모든 사회적·정치적 행동이 생산해 내는 정당화 이데올로기에 맞서 투쟁하고 있다. 그래서 운동가들은 자신들의 행동을 분석하는 지식인보다는—설령 호의를 가지고 분석할 때조차도 마찬가지이다—적의 오류를 고발하는 지식인을 훨씬 더 선호한다.

지금까지 프랑스에는 이 세번째 범주에 속하는 위대한 지식인—물론 이들은 종종 세련되고 창조적인 비판을 부적합한 정치적·사회적 언급에 대한 열정과 결합시키곤 했다—이 많이 존재해 왔다. 이들 가운데 상당수는 공산주의 좌파나 '사회주의냐 야만이냐' 그룹 혹은 공산주의 학생연합의 출신이다. 대표적 인물로는 카스토리아디스(Cornelius Castoriadis)와 르포르(Claude Lefort), 리요타르(Jean-François Lyotard), 샤틀레(François Châtelet) 등을 들 수 있다. 이들과 다른 세대에 속하는 말로(André Malraux)는 이 범주의 지식인의 가장 상징적인 인물로 남아 있다. 말로는 자신의 정치적 개입을 현실 속에서 실천하면서, 동시에 자신의 저서에서도 직접적으로 표현했다.

이 지식인들은 민주적인 사회의 내부에만 개입할 수 있을 뿐이다. 왜냐하면 이들의 비판작업들은 무엇보다도 제기되는 요구를 제도에 의해 다뤄질 수 있는 것과 협상될 수 없는 것 그리고 외부의 이데올로기나 이해관계에 의해 오염된 것으로 구분해 내는 데 있기 때문이다. 여기서 이 지식인들이 '개입한다'는 것을 명확하게 강조할 필요가 있는 데, 이들은 연구되고 있는 행동들 속에서 정치적 개입을 뛰어넘는 목적들 — 이것은 도덕적일 수도 있고 혹은 사회적일 수도 있다 — 을 진실로서 확인하기 때문이다.

내가 보기에 가장 중요한 역할을 수행하고 있는 이들은 결코 정치적이지 않다. 왜냐하면 이들은 사회적 행동 속에 존재하는, 정치체제에 의해서는 전혀 인식될 수 없는 비정치적인 원동력을 인식하고 있기 때문이다. 사람들은 권리와 평등을 방어하기 위해 발언하는 이들을 쉽게 조롱하지만, 이 같은 방어는 지식인이 개입행위를 하게 되는 주된 이유이다. 이들은 정치적 상황 속에서 제도적 메커니즘에 의해 다뤄질 수 있는 것, 개인 혹은 집단적 이해의 이성적 추구 문제에 속하는 것 그리고 모든 사회조직보다 상위에 존재하는 가치에 호소하는 것을 분리해 내려고 노력한다. 이 지식인들은 그것이 도덕을 강조하는 시각이든 혹은 정치적·법적·교육적 제도에 무한한 신뢰를 나타내는 시각이든 일체의 단일하게 통합된 시각에 대해서는 반대하고 그 허구적 통합을 깨부숨으로써 집단적 행동에 내재해 있는 가장 중요한 목적들을 끌어내려고 노력한다.

마지막으로, 지식인의 네번째 범주가 존재한다. 우리는 이들을 유토피아주의자라고 분류할 수 있을 터인데 — 물론 내가 여기서 사용하고 있는 '유토피아주의'라는 표현은 이 용어의 긍정적인 의미를 담고 있다 — 그 이유는 이들이 사적 존재와 사회, 문화의 새로운 경향으로서의 자기정체성을 형성하고 있으며 이런 자기정체성을 더욱더 명확하게 하기 때문이다. 그렇다고 해서 이들이 이런 새로운 경향을 둘러싼 변화에 대한 사회적 관리를 중심으로 나타나고 있는 사회적 갈등을 외면하고 있는 것은 아니다.

에드가 모랭(Edgar Morin)은 프랑스에서 가장 창의적인 유토피아주의자라고 할 수 있다. 그는 사회적 운동, 그중에서도 특히 거의 조직화되어 있는 않은 새로운 운동들을 해석하는 데 고심하고 있다.

사람들은 종종 '지식인의 종말'에 대해 이야기하곤 했다. 그렇지만 이 표현(지식인의 종말)은 아무런 의미도 담고 있지 않다. 막스 갈로(Max Gallo)는 80년대의 논쟁에서 좀더 정확하게 '지식인의 침묵'에 대해 이야기했다(하지만 막스 갈로가 좋은 의도에서 지식인의 침묵을 말한 것은 아니었다). 대다수의 프랑스 지식인들은 미테랑 정부에 참여하는 것을 거부했고, 정부에 참여한 지식인들도 비판적인 엄격함을 유지하고 있었다. 지식인의 침묵은 의미로 채워져 있는 것이다. 미테랑 집권 초기에, 매우 다양한 지식인들이 자유노조(Solidarnosc)와 폴란드 해방운동을 옹호하고 나아가 신임 대통령의 정치에 대해 비판적인 의견을 표명하기 위해서 에드몽 메르(Edmond Maire)의 CFDT에 합류했을 때 우리는 이 같은 모습을 볼 수 있었다.

좀더 근래에 와서 가장 두드러진 경향은 공산주의의 퇴
조와 민주주의 이념의 부활이 같이 진행되고 있다는 점이
다. 이러한 작업은 '신철학자들'에 앞서 이미 레이몽 아롱
(Raymond Aron)에 의해 진행되었던 것이다. 그후 지배질
서의 고발자들이 그리고 또한 내가 '지식인 해석가'라고 부
르는 이들의 분석이 목청을 높이고 정치행동이 파편화되고
의기소침한 분위기가 만연된 시기가 도래했다. 1995년 가
을의 위기가 시작될 때, 이 양측의 대결로 상징되는 대립이
지식인 사회를 특징짓고 있었다.

모든 형상의 지식인이 공존할 수 있으며, 바로 이 공존
자체가 지적 논쟁은 물론이고 지식인 자신을 성숙시키고
견고하게 만든다. 왜냐하면 지식인은 현재의 역사적 상황
을 분석하는 것 못지않게 서로 경쟁하고 논박하는 데 몰두
해 있기 때문이다.

이러한 일반적 결론은 특히 지금과 같은 상황, 즉 우리
사회가 어떠한 통일성도 가지고 있지 못하고 어떤 주도적
논리에 의해 이끌어지지도 않는, 점점 더 파편화되고 있는
상황에서 유효하다. 우리는 이런 사회적 상황에서 새로운
형태의 행동과 새로운 사고형태가 형성되는 것을 볼 수 있
지만, 그와 마찬가지로 고발자들이 지목하고 있는 배제의
지역이 확대되는 것 또한 볼 수 있다. 이 둘 사이에서 정치
체제를 재조직화하려는 시도들은 지식인들과 적지 않은 거

리를 유지하고 있다.

점차 사라지고 있는 것처럼 보인다는 점에서 현실적으로 약화되고 있는, 지식인의 유일한 형상은 정치조직과 유기적으로 연결되어 있는 이데올로그들의 형상이다. 이는 정상적이면서도 바람직한 현상이라고 할 수 있다. 그것은, 이 유형의 지식인은 타인들에게 어떠한 공간도 인정하지 않는다는 점에서, 그리고 역사철학과 '당'에 대한 신뢰가 도저히 회복할 수 없을 정도로 쇠퇴하고 있다는 점에서 그러하다.

반대로 그외 다른 모든 유형의 지식인이 회귀하고 있는 것을 우리는 목격하고 있다. 많은 사람들이 이들이 벌이는 언쟁의 소란함에 대해 불평하고 있다는 사실에서 나타나듯이, 이들의 회귀는 점점 더 명확해지고 있다. 그러나 과거로의 회귀가 문제는 아니다. 지난 수십 년 동안의 상대적 침묵은 하나의 역사적 시기가 끝났다는 것에 의해 설명되며, 지식인의 회귀는 행위자들의 해석이 체제분석을 대체한 것과 관련이 있다. 따라서 이러한 회귀는 민주주의 정신의 강화와 투쟁의 재구성과 연결되어 있으며, 특히 근본적인 권리, '자유·평등·연대'의 옹호와 이어져 있다.

 어떻게 자유주의에서 벗어날 것인가

거부에서 창안(創案)으로

서유럽의 다른 모든 나라들 이상으로, 프랑스 사회는 오랫동안 세상의 변화에 대해 분석하는 것을 거부했고, 세상을 뒤흔드는 경제적 변화의 사회적 결과들을 집중시키거나 혹은 이용하거나 혹은 제한할 수 있는 새로운 정치를 창안해 내는 작업을 거부해 왔다. 그 대신 이 사회는 하나의 정치적·사회적 모델, 다시 말해 전후(戰後) 대부분의 나라들이 채택했던, 재건과 국가적 근대화에 있어서 국가에 중심적 역할을 부여하는 모델을 영속시키려고 노력해 왔다.

그러나 이 모델은 다른 곳에서와 마찬가지로 프랑스에서도 예외 없이 쇠퇴하였다. 그것은 한편으로는 점점 더 그 유용성이 떨어지는 국가 관리경제를 고수했기 때문이고, 또 한편으로는 경제의 세계화와 가속화되는 기술혁신이 어려움에 처한 프랑스식 모델에 자발적인 변화를 강제했기 때문이다. 90년대 들어서 성장률은 급속도로 낮아졌고, 이것은 실업의 급격한 증가를 야기했다. 이렇듯 경제상황이 악화되어 가는데도 불구하고, 프랑스는 사회진보의 길을 계속 고수하고 있었다. 휴가를 늘리고 퇴직연령을 낮추고 의료비 지출을 무제한 높였다. 그러나 이 모든 것은 더 높은 성장이 이루어질 때에만 가능한 일이었다.

1981년 프랑스는 완전히 새로운 대통령[프랑스 최초의

좌파 대통령] 미테랑에 의해 취해진 조처에 열광했지만, 그
로부터 2년도 채 지나기 전에 실망했고 이전의 것들과 마
찬가지로 지리멸렬한 방식으로 이끌어진 정책의 전복을 받
아들여야 했다. 그리고 90년대 초 프랑스인들은 좌파가 모
든 수단을 다 동원하여 프랑화의 강세를 추구하는 것을, 보
다 강경한 통화주의를 채택하는 것을 보았다. 미셸 로카는
경제적 개혁과 사회적 개혁을 성공적으로 추구했지만, 그
이후의 프랑스는 연속적인 실패를 경험해야 했다. 총리가
바뀔 때마다 경제적 자유주의와 사회적 진보를 동시에 추
구하겠다는 약속이 반복되었지만 이러한 공약은 모두 실패
하였고, 이 공약을 믿었던 대중여론은 정부에 대한 신뢰를
거두어들이기에 이르렀다.

마침내 유럽 단일통화의 탄생에 임박하여 궁지에 몰린
신임 대통령 자크 시라크는 알랭 쥐페 총리를 통해 공공적
자 축소정책을 시행하였고, 그 결과는 소득세가 급상승하
고 실업문제가 새롭게 악화되는 것이었다. 1995년 말에 폭
발한 위기는 미래에 대한 전망을 담은 사회운동의 결과도
아니었고, 기득권에 대한 저항의 순수한 효과도 아니었다.
그것은 하나의 정치사회의 붕괴, 즉 사회보장제도를 전혀
훼손하지 않고 그대로 유지하면서 동시에 실업문제를 해결
할 수 있게 하는 데 필요한 경제적 변화의 실현에 결정적으
로 실패했던 그 정치사회의 붕괴에 대한 확인이었다. 경제

개방과 사회통합이 양립 불가능하다는 절망적인 생각이 프랑스를 벼랑 끝까지 몰아붙였던 것이었다.

우리는 당시 유일 사상에 대한 준거가 맛보았던 성공을 알고 있다. 즉 우파와 마찬가지로 좌파에게도 정치는 더 이상 국제시장의 요구에 그리고 단지 자본의 이동에 유리할 뿐이었던 통화구축의 요구에 순응하는 데 있는 것처럼 보이지 않았던 것이다.

지난 20년 동안 프랑스 역사는 무엇보다도 정치체제의 해체 —이 해체는 이탈리아나 미국에서처럼 사법권의 강화에 따른 판사들의 공격, 즉 정당이 가진 재정적 기초의 위법성을 폭로하는 공격에 의해 가속화된다— 의 역사였다. 행정의 무능력, 실제적인 권력을 갖지 못한 의회, 꼭 필요하지만 한편으로는 불안하기도 한 독자성을 가진 판사들, 이러한 조건 속에서 어떻게 정치적 제도의 통제에서 벗어나려는 행동이 확대되지 않을 수 있겠는가?

경제개방과 통합유럽 건설에 대해 불안감을 가지고 있던 계층들은 이민을 부랑아 취급하고 도시 근교의 불안한 치안을 과장하던 민족전선에 표를 던졌다. 선거에서 민족전선의 득표율은 15%까지 올라갔고, 이러한 성장은 우파연합의 와해로 이어졌다. 좌파의 경우에는 기권표가 증가했고 공산당은 계속해서 몰락했다. 확산된 불만은 대중여론을 모든 대규모 파업에 대한 지지로 몰고 갔으며, 이것은

정부에 대한 믿음과 국가 장래에 대한 신뢰의 상실을 표현
하는 것이었다.

정치제도의 위기를 넘어, 우리의 오랜 무능력의 주요한
원인은 사회적 행위자들의 해체이다. 많은 기업들이 자발
적으로 세계를 향해 개방함으로써 수세에 몰리게 된 기업
가들이 그러했고 공기업의 방어에 발이 묶여버린 노동조합
이 그러했고, 국유화는 사회진보의 필수조건이라고 혹은
반대로 경제개방 그 자체가 사회적 문제에 대한 해결책이
라고 믿기를 고집하는 정치이데올로기가 그러했다.

지난 20년을 움직였던 사회적 투쟁은 바로 이 같은 낡은
세계의 외부에서 형성되었다. 이 투쟁들은 가장 불리한 위
치에 놓여 있던 계층들에 의해 형성되었던 것이다. 외국인
혐오증에 상처받은 이민2세들, 부실한 행정관리의 희생자
인 에이즈 환자들, 불합리한 법령에 의해 불가능한 상황에
빠져 버린 혹은 자기 나라로 폭력적으로 송환되어 버린 상
파피에들, 거처할 집이 없는 가족들, 실업자들에 의해 사회
적 투쟁은 형성되었다. 또한 이 투쟁들은 사회문제의 가장
밑바닥 — 사회의 해체, 점증하는 고용불안(현재 인구의 20
〜25%가 실직의 위기에 처해 있다), 도시 외곽지역에서 횡
행하는 '불법행동'과 폭력 등 — 에서 형성되었다.

이 투쟁들은 부정적 상황에 대한 응답이었기 때문에 그
리고 절망 속에서 생겨난 것이었기 때문에, 그것들은 점점

더 불안해하는 대중들로부터 지지받는 거대한 거부의 표현이었다. 이 투쟁들은 다른 사람들에게서도 지지를 받았는데, 곤궁에 빠진 정부에게서는 더 이상 볼 수 없었던 행동의 의지를 표현하고 있었기 때문이다.

그러나 배제된 자들의 이 투쟁에는 불확실성이라는 낙인이 찍혀 있다. 이들의 투쟁은 고통과 괴로움을 이야기하고 드러내지만, 대항정치를 구상하거나 대안을 만들어내는 데는 이르지 못하고 있기 때문이다. 바로 이 때문에 이 투쟁들에 종종 쏟아지는 비난, 이런 식의 투쟁은 대중을 정치적 전위나 지식인들 ─ 이들은 대중에게 자신들의 목소리를 강요한다 ─ 에게 봉사하도록 만든다는 비난이 일고 있는 것이다. 하지만 이들의 운동이 단지 위기의 표현인 것만은 아니다. 이 운동은 다양한 차원에서 사회적 행위자를 등장시키고, 개별적 희생자들을 의식을 갖추고 행위하기를 바라는 집단으로 조직화한다. 이 두 가지 경향 중에서, 어느 것이 더 우세해질까?

첫번째 경향이 가장 강한 것 같다. 공적 활동의 모든 측면이 그렇듯이 이 운동들은 위기의 논리 속에서 발생했고, 1945년의 상황처럼 이 운동의 주체들은 자신들의 운동과 무관하다고 믿는 국가의 개입에 의해 위기의 해결책을 추구한다. 아마도 이 운동들은 새로운 인민전선을 기다릴 것이다. 특히 1995년에, 다른 경향보다 우세한 것처럼 보였던 것은 바로 이 첫번째 경향이었다. 폭로가 분석과 대안을 대신하였고, 심지어 단절이 협상을 그리고 거부가 행동을 대체하였다.

그러나 우리는 이미 다른 국면에 들어와 있다. 우리가 1991~99년에 겪었던 극단적인 정치해체의 시기가 폭로의 논리와 위기의 논리에 지배되었던 만큼, 오늘날 우리는 우리의 능력, 즉 새로운 정치담론을 창안하고 행동할 수 있는 능력과 새로운 목표, 새로운 갈등 그리고 이것들을 다룰 수 있는 새로운 제도적 방식을 정식화할 수 있는 능력에 대한 신뢰를 재발견하는 것이 가능해지고 있다. 이 모든 것은 가능하며, 무엇보다 이러한 길에 참여하는 것이 절대적으로 필요하다. 바로 이것이 내가 이 책을 통해 공헌하고자 했던 것이다.

에필로그

이 책은 하나의 팸플릿이 아니다. 나는 팸플릿을 반대하지는 않는다. 물론 팸플릿은 필요하다(그런 만큼 위험스럽기도 하다). 하지만 이 팸플릿이 반성과 분석의 시도, 심지어 의견을 개진하는 저서와 혼동되어서는 안 된다.

팸플릿은 자신이 싸우는 것에 의해 정의된다. 팸플릿은 적에 대항하여 자기 수중에 있는 모든 것 — 증명된 지식, 다듬어지지 않은 신문·잡지의 정보, 심정적인 단어, 인신 공격 등 — 이 다 동원된다. 좋은 팸플릿은 허위를 말하지는 않지만, 자신에게 불리한 것은 은폐한다. 우리는 불을 끄는 소방수가 깨끗하지 않은 물을 사용한다고 나무랄 수는 없을 것이다….

팸플릿은 그 형태가 매우 다양하다. 비록 열정적인 목소리를 담고 있지는 않다 하더라도, 국제적인 조직들의 보고서라든가 정치지도자들의 연설, 신문·잡지의 조사 들 역시 팸플릿이다. 반대로, 「나는 고발한다!(J'accuse)」는 팸플릿이 아니다. 이것은 사실에 대한 분석이다. 아마 당신은 이 원고를 다 읽고 나면, 단순히 에밀 졸라의 생각에 동의한다고 중얼거리는 것이 아니라 그의 논증에 설득당했다고 당신 자신에게 이야기할 것이다.

이 책에서 나의 목적은 논쟁하려는 것이 아니며, 책의 제목이 이 점을 충분히 나타내고 있다.

그렇다, 이 책은 하나의 팸플릿이 아니다. 이 책은 의사나 교사 혹은 법률가의 작업처럼 중립적인 책이다. 내가 취하고 있는 입장은, 사람들이 자신들이 당하고 있는 지배와 투쟁하면서 그리고 모든 사회적 행동보다 우월하다고 상정되는 논리의 이름으로 자신들의 행로에 주어지는 설명과 투쟁하면서 자신들의 역사를 돌아보고 생각하기를 바라는 것이다. 내가 볼 때, 문제는 사회적 관계와 행동과 규칙을 이해하는 것이다. 그리고 나는 이와 똑같은 계획을 가진 작가나 경제학자 혹은 사회학자 들과 보조를 맞추고 있다.

전적으로 사회적 혹은 개인적 활동을 다루고 있는 글은 먼저 다음과 같은 기준에서 평가받아야 할 것 같다. 즉 그 글이 행위자들의 행동, 그 행동의 원인·의미·결과에 대한 이해를 높이는가 그렇지 않은가 하는 기준에 의해 평가

되어야 한다고 본다. 만일 하나의 설명이나 해석이 사회적 행위자를 부정한다든가, 비이성적인 요소나 감정적인 요소를 부추기는 데 일조한다면, 그 글은 정당화될 수 없을 것이다. 왜냐하면 설명이나 해석의 목적은 '사실'을 묘사하는 데 있는 것이 아니라, 행위자들을 이해하고 따라서 행위자들의 행동을 그들이 행동 속에서 구현하고자 하는 것으로부터 분리시키는 거리를 좁히는 것이기 때문이다.

이것은 어려운 임무이다. 무릇 행위자는 자신을 높여주고 좀더 낮게 묘사해 주고 하나의 모범으로 대우해 주기를 바란다. 그러나 행위자를 그 행위자에 대한 분석과 동일시하는 것은 거의 대부분 오류투성이거나 잘 들어맞지도 않는다.

이와 같은 모습은 모든 역사적 순간에 있어서도 마찬가지이며, 과거나 현재처럼 앞으로도 그러할 것이다. 분석의 거리를 유지하는 것, 심지어는 만들어내는 것이 필요하다. 중요한 것은 비판적 시각이다. 비판적 시각은 겉으로 보기에 무질서하기만 한 것에서 하나의 계획을 찾아내도록 자극하는 [행위자들과의] 교감에 의해 주어져야 하며, 동시에 사건 속에 뒤섞여 있는 의미들을 구분해 내기 위해 스스로 갖추어야 하는 것이다. 이러한 작업이 즉각적인 동의를 얻거나 인기를 모으기는 힘들다.

그러나 사회 혹은 사회운동이 그들 스스로에 대해 수행

하는 작업이 (한 개인이 사적인 자기 삶에 관해 수행하는 작업과 마찬가지로) 지루하고 어렵고 또 갖가지 위기와 장애를 뛰어넘어야 한다는 것에 동의한다면, 이 작업은 그 대신 유용성을 가진다. 특히 설명의 지연이 매우 심각하고 독단적 담론과 과학적 허구가 인식의 영역을 침범한 지금, 하지만 잘못된 해석에서 탈피하려는 움직임이 이미 가시화되고 있는 지금과 같은 상황에서, 이 해명의 작업에 드는 비용을 감내하지 않으려는 것은 내가 사회의 인식에 대해 제시한 정의를 반박하는 행동일 것이다.

이제 우리가 무력하다고 설득하는 담론들을 단호히 거부해야 한다. 과연 언제까지 우리의 감성과 우리의 행동 그 자체를 반대하는 말을 들을 것이며 이야기할 것인가? 우리는 매일 개념을 창안하고 옹호하며 개혁을 토론하고 침묵을 비난하고 있는데, 언제까지 우리가 국제경제의 절대적인 지배에 복종하고 있다고 반복할 것인가?

한편으로 지배만을 이야기하는 사람들과 지배로부터의 해방을 구하는 사람들, 오로지 국가만 부르짖는 사람들 그리고 다른 한편으로 새로운 사회적 행위자들의 확립을 믿는 사람들, 거부를 이야기하는 사람들과 희망을 품고 있는 사람들을 대립시키고 있는 것을 이해하기가 그렇게도 어려운가? 프랑스인들은 당시 태동하고 있던 노동자운동에 대해 아무런 이해도 없이, 프랑스혁명 속에서 존재할 계층들

 어떻게 자유주의에서 벗어날 것인가

을 그 운동에 대입시키면서 19세기를 지나왔다. 이제 우리
는 체험한 경험에 대한 사회의 뒤떨어진 담론들 속에 새로
운 희망과 투쟁을 가둬버리면서 20세기를 그냥 보내버릴
것인가?